Manuel Capelo, Víctor González and Francisco Lara

Cambridge IGCSE™
Spanish as a Foreign Language

Coursebook

CAMBRIDGE
UNIVERSITY PRESS

University Printing House, Cambridge CB2 8BS, United Kingdom

One Liberty Plaza, 20th Floor, New York, NY 10006, USA

477 Williamstown Road, Port Melbourne, VIC 3207, Australia

314–321, 3rd Floor, Plot 3, Splendor Forum, Jasola District Centre, New Delhi – 110025, India

79 Anson Road, #06-04/06, Singapore 079906

Cambridge University Press is part of the University of Cambridge.

It furthers the University's mission by disseminating knowledge in the pursuit of education, learning and research at the highest international levels of excellence.

www.cambridge.org
Information on this title:
www.cambridge.org/9781108609630 Paperback + Audio CD
www.cambridge.org/9781108609814 Paperback + Audio CD + Cambridge Elevate enhanced edition (2 years)

© Cambridge University Press 2019

This publication is in copyright. Subject to statutory exception and to the provisions of relevant collective licensing agreements, no reproduction of any part may take place without the written permission of Cambridge University Press.

First published 2017
Current edition 2019

20 19 18 17 16 15 14 13 12 11 10 9 8 7 6 5 4 3 2

Printed in Great Britain by CPI Group (UK) Ltd, Croydon CR0 4YY

A catalogue record for this publication is available from the British Library

ISBN 978-1-108-60963-0 Paperback + Audio CD
ISBN 978-1-108-72810-2 Cambridge Elevate enhanced edition (2 years)
ISBN 978-1-108-60981-4 Paperback + Audio CD + Cambridge Elevate enhanced edition (2 years)

Cambridge University Press has no responsibility for the persistence or accuracy of URLs for external or third-party internet websites referred to in this publication, and does not guarantee that any content on such websites is, or will remain, accurate or appropriate. Information regarding prices, travel timetables, and other factual information given in this work is correct at the time of first printing but Cambridge University Press does not guarantee the accuracy of such information thereafter.

All exam-style questions and sample answers in this title were written by the authors. In examinations, the way marks are awarded may be different.

....

NOTICE TO TEACHERS IN THE UK
It is illegal to reproduce any part of this work in material form (including photocopying and electronic storage) except under the following circumstances:
(i) where you are abiding by a licence granted to your school or institution by the Copyright Licensing Agency;
(ii) where no such licence exists, or where you wish to exceed the terms of a licence, and you have gained the written permission of Cambridge University Press;
(iii) where you are allowed to reproduce without permission under the provisions of Chapter 3 of the Copyright, Designs and Patents Act 1988, which covers, for example, the reproduction of short passages within certain types of educational anthology and reproduction for the purposes of setting examination questions.

Contenidos

Bienvenido a aprender español vi

Unidad 1: Mi mundo 9
1.1: Yo y mis cosas 10
1.2: Mi día a día 13
1.3: Mascotas y aficiones 18
1.4: Mi casa y mi ciudad 22
1.5: Mi instituto, mi clase y mis profesores 29
1.6: Me gusta el deporte 32

Unidad 2: Vida personal y social 38
2.1: Familia y amigos 39
2.2: Salir y divertise – el ocio 44
2.3: Las compras 51
2.4: Fiestas y celebraciones 57
2.5: Comidas y bebidas – dieta saludable 61
2.6: El restaurante 66

Unidad 3: Mis vacaciones y viajes 73
3.1: ¿Qué vacaciones prefieres? 74
3.2: Tu opinión sobre los medios de transporte 77
3.3: Tipos de alojamiento durante las vacaciones 81
3.4: ¿Qué se puede hacer durante las vacaciones? 85
3.5: ¿Qué tiempo hace? 90
3.6: Una pesadilla de vacaciones 95

Unidad 4: Mi mundo profesional 102
4.1: Trabajos y profesiones 103
4.2: Planes de futuro 106
4.3: Estudios y carreras 109
4.4: La comunicación 112
4.5: Entrevistas de trabajo 117
4.6: El dinero y el trabajo 121

Unidad 5: El mundo que nos rodea 127
5.1: El estado del planeta 128
5.2: Recursos naturales 132
5.3: Los problemas de mi ciudad 137
5.4: Cuidemos el medio ambiente 141

Unidad 6: Nuestro mundo 146
6.1: La vida en otros países 147
6.2: Comida, tradiciones y costumbres 152
6.3: Redes sociales y tecnología 157
6.4: El mundo internacional 162
Listas de vocabulario 168

Cómo usar este libro

Objetivos de aprendizaje

Los objetivos de aprendizaje introducen cada unidad exponiendo los contenidos de cada lección. Los objetivos se dividen en tres secciones: vocabulario, gramática y competencias comunicativas.

Objetivos

Vocabulario:

- Estructuras y preguntas básicas sobre la información personal
- Vocabulario en relación a la información básica de una persona: nombre, edad, nacionalidad, familia, estudios, profesión, aficiones, etc.

Gramática:

- Los pronombres interrogativos
- El alfabeto

Competencias comunicativas:

- Preguntar y dar información básica sobre una persona

Iconos

Cada uno de los iconos indica una destreza lingüística particular que debería usarse dentro del ejercicio.

- 📖 Leer
- 💬 Hablar
- ✏️ Escribir
- 🔊 Escuchar
- 👥 Trabajo en grupo

Actividades

En cada una de las unidades, las actividades nos dan la oportunidad de poner en práctica las destrezas lingüísticas (leer, escribir, hablar y escuchar) en el plan de estudios de español como segunda lengua de Cambridge IGCSE.

8 🔊 Vas a escuchar tres diálogos de amigos que quieren quedar para salir. Completa la siguiente tabla.

	Lugar	Día y hora	Actividad
A			
B			
C			

Apartados de prueba y evaluación

Los apartados de prueba y evaluación están conectados con los apartados de prueba y evaluación de la parte digital, que pueden ser utilizados para practicar y poner a prueba las principales destrezas lingüísticas.

Apartados de vocabulario

En los apartados de vocabulario se incluyen las listas del vocabulario principal de cada unidad. Dichas listas van a la par con la lección.

VOCABULARIO

familia		estado civil
Mi tío/a		casado/a
Mi primo/a		divorciado/a
Mi abuelo/a	**está**	viudo/a
Mi hermano/a		soltero/a
		separado/a

Listas de vocabulario

Estas listas son un medio de revisión del vocabulario relacionado con el tema de cada unidad

Cambridge IGCSE Spanish as a Foreign Language

Rincón cultural

En los rincones culturales se incluye información interesante sobre la cultura de los países de habla hispana a lo largo de todo el libro.

RINCÓN CULTURAL

La música es una expresión artística y cultural que nos acompaña en cualquier momento del día, especialmente en esta era de los medios de comunicación y las nuevas tecnologías.

Si te gusta la música, y especialmente bailar, en Latinoamérica y en España hay una variedad enorme de ritmos y estilos que son muy populares en todo el mundo. La salsa, el merengue, el pop latino, el tango o el flamenco son algunos ejemplos de estos estilos musicales.

Apartados de gramática

En los recuadros de gramática encontrarás ayuda sobre distintos temas de gramática. Están emplazados a lo largo de cada una de las unidades para servir de apoyo a las actividades del libro.

IDIOMA

El verbo gustar

Me gusta(n)
Te gusta(n)
Le gusta(n)
Nos gusta(n)
Os gusta(n)
Les gusta(n)

Consejos

A lo largo de todo el libro se encuentra información que guía al estudiante en la adquisición de las destrezas necesarias para prepararse en el curso con éxito. Estos apartados de consejos incluyen lectura, escritura, parte oral y parte auditiva.

CONSEJO

Para hacer comparaciones usa:

más ... que

menos ... que

tan ... como (con adjetivos)

tanto/a/os/as ... como (con sustantivos)

Lengua

Los recuadros de lengua ofrecen ayuda para entender cómo se estructura la lengua en español.

IR A + INFINITIVO

Recuerda que una forma de hablar del futuro en español es utilzando ir a + infinitivo:

Ej. Las próximas vacaciones voy a ir a la playa.

En Semana Santa vamos a esquiar en las montañas.

voy				
vas				
va				
vamos	+	a	+	INFINITIVO
vais				
van				

Repasa

Al final de cada unidad, vas a encontrar una sección de actividades de repaso similares a las que puedes encontrar en tus exámenes. Estas actividades te pueden ayudar a prepararte y te permiten aplicar y repasar los conocimientos que has adquirido en cada una de las unidades.

Bienvenido a aprender español

Con este libro aprenderás a aprender a hablar, leer, escribir y escuchar sobre muchos temas variados. Al final del curso sabrás mucho más vocabulario, gramática y cultura. Seguro que disfrutas mucho mejorando tu español. Además, este libro te ayudará a preparar tus exámenes.

El español o castellano es uno de los idiomas más importantes del mundo. Aquí tienes algunos datos sobre la lengua:

- Pertenece a la familia de las lenguas romances (derivadas del latín) pero tiene influencias de otros idiomas como el árabe, el francés, el inglés, el italiano y lenguas indígenas de América como el Náhuatl o el Quechua.
- Hay aproximadamente 500 millones de hablantes de español en el mundo.
- Es el idioma oficial de 21 países. ¿Cuántos puedes nombrar? ¿Cuántas banderas conoces?
- Es uno de los idiomas oficiales de las Naciones Unidas.
- Tiene una letra especial, la ñ.
- Utiliza dos interrogaciones ¿? y dos exclamaciones ¡!

1 Trabaja con tu compañero para responder a las preguntas en tu cuaderno.

- Hay aproximadamente 500 millones de hablantes de español en el mundo. ¿Sabes cuál es el país con más hablantes?
- Pertenece a la familia de las lenguas romances (derivadas del latín) pero tiene influencias de otros idiomas como el árabe, el francés, el italiano y lenguas indígenas de América como el Náhuatle o el Quechua. ¿Conoces alguna palabra que tenga estos orígenes?
- Es uno de los idiomas oficiales de las Naciones Unidas. ¿Conoces algún otro organismo internacional que utilice el español?
- Tiene una letra especial, la ñ. ¿Sabes si esta letra se utiliza en algún otro idioma?
- Utiliza dos interrogaciones ¿? y dos exclamaciones ¡! ¿Sabes si se utilizan en algún otro idioma?
- En algunos países el español coexiste con otras lenguas ¿En qué país se hablan estas lenguas además del español?
  - Aymara
  - Catalán
  - Gallego
  - Guaraní
  - Quechua
  - Shuar
  - Euskera

2 Habla con tu compañero. Pensad en todas las palabras de origen español que se utilizan en vuestra lengua

Ej. aficionado, rumba, plaza, nacho

Cambridge IGCSE Spanish as a Foreign Language

3 Aquí tienes una lista de países hispanohablantes. Únelos con sus capitales.

1	Argentina	a	Asunción
2	Bolivia	b	Bogotá
3	Chile	c	Buenos Aires
4	Colombia	d	Caracas
5	Costa Rica	e	Ciudad de Guatemala
6	Cuba	f	Ciudad de México
7	Ecuador	g	Ciudad de Panamá
8	El Salvador	h	La Habana
9	España	i	La Paz/Sucre
10	Guatemala	j	Lima
11	Guinea Ecuatorial	k	Madrid

12	Honduras	l	Malabo
13	México	m	Managua
14	Nicaragua	n	Montevideo
15	Panamá	o	Quito
16	Paraguay	p	San José
17	Perú	q	San Juan
18	Puerto Rico	r	San Salvador
19	República Dominicana	s	Santiago
20	Uruguay	t	Santo Domingo
21	Venezuela	u	Tegucigalpa

4 Observa el siguiente mapa. En tu cuaderno, haz una lista de los países donde se habla español.

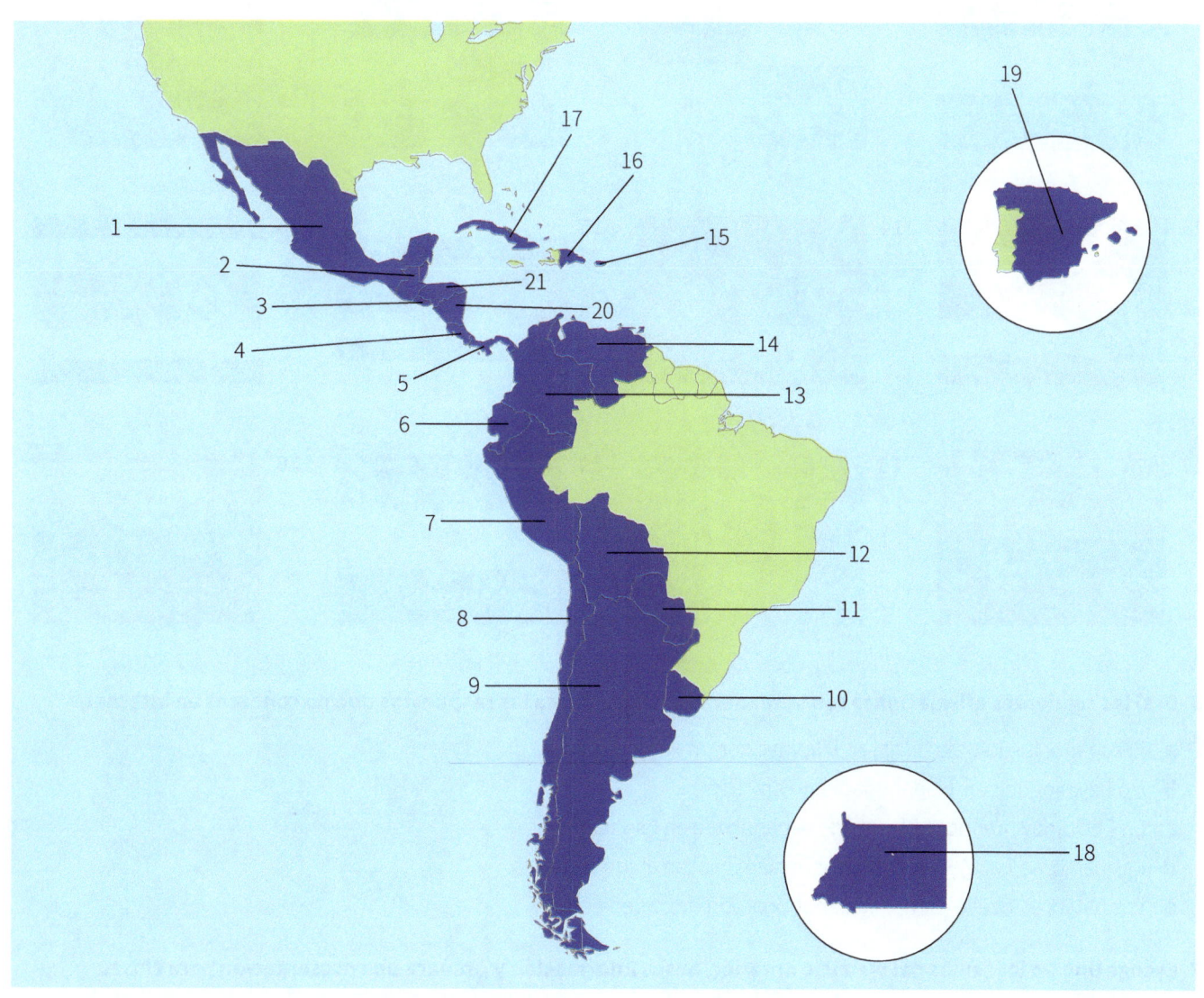

Bienvenido a aprender español

5 ¿Sabes a qué país corresponde cada bandera? Trabaja con tu compañero y busca las que no conozcas.

6 Di si las siguientes afirmaciones son verdaderas o falsas. Busca las respuestas que no conozcas en internet.

a El español fue idioma oficial en Filipinas durante muchos años.
b No hay ningún país hispanohablante en África.
c En EEUU hay menos hablantes de español que en España.
d Las palabras 'caza' y 'casa' se pronuncian igual en algunos países.
e Las palabras 'aceite', 'limón' y 'zanahoria' son de origen árabe.

7 Escoge uno de los temas del ejercicio anterior, busca información y prepara una presentación para clase.

Unidad 1: Mi mundo

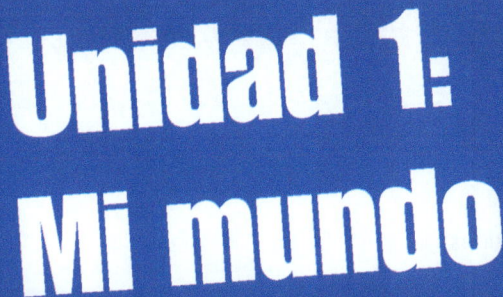

Introducción

Todos somos diferentes y tenemos mucha información que compartir sobre cada uno de nosotros. Y para ello, es importante conocer el vocabulario y las estructuras necesarias para presentarnos y poder hablar sobre nosotros mismos y nuestro mundo más cercano y personal.

En esta unidad vamos a aprender y practicar, de forma oral y escrita, las estructuras y el vocabulario básico para preguntar sobre la información personal y los datos más importantes de otras personas y para poder hablar de la nacionalidad, el carácter, nuestro día a día, el instituto, las mascotas, los deportes y nuestra casa. Y como cada cultura también es diferente y única, también aprenderemos en esta unidad algunos aspectos culturales relacionados con el mundo hispanohablante.

¿Empezamos? Por cierto, ¿cómo te llamas?

1.1: Yo y mis cosas

Objetivos

Vocabulario:
- Estructuras y preguntas básicas sobre la información personal
- Vocabulario en relación a la información básica de una persona: nombre, edad, nacionalidad, familia, estudios, profesión, aficiones, etc.

Gramática:
- Los pronombres interrogativos
- El abecedario

Competencias comunicativas:
- Preguntar y dar información básica sobre una persona
- Deletrear nombres, apellidos, direcciones de correo, etc.

4 ¿De dónde eres?
5 ¿Qué edad tienes?
6 ¿Cuál es tu fecha de nacimiento?
7 ¿En qué clase estás?
8 ¿Con quién vives?
9 ¿Cuál es tu nombre?
10 ¿Cuántos años tienes?
11 ¿Qué te gusta hacer?
12 ¿Tienes hermanos o hermanas?

CONSEJO
Para presentarte o escribir un texto sobre ti, incluye información referente a tu nombre, edad, nacionalidad, profesión, casa, familia, aficiones y carácter.

INTERROGATIVOS:
¿Quién/es?	¿Qué?
¿Cómo?	¿Cuándo?
¿Cuántos/as?	¿Cuál/es?
¿Dónde?	¿Por qué?
¿De dónde?	

1 Lee el cuestionario y relaciona en tu cuaderno las preguntas con los temas del cuadro.

A	Familia	E	Aficiones
B	Edad	F	Estudios
C	Nombre	G	Carácter
D	Nacionalidad		

1 ¿Cómo te llamas?
2 ¿Qué pasatiempos tienes?
3 ¿Cómo eres?

RINCÓN CULTURAL

En la mayoría de los países hispanohablantes es común tener dos apellidos (Clara **Márquez Rico**), normalmente el primero es el del padre y el segundo es el de la madre.

Muchos nombres tienen una forma más corta o "diminutivo" (Fernando: Fer), usada por familiares y amigos. Algunos ejemplos:

Francisco: Paco, Fran
Dolores: Lola
Manuel: Manolo
José/Josefa: Pepe/Pepa
Mercedes: Merche

Cambridge IGCSE Spanish as a Foreign Language

2 Lee estas tres presentaciones y marca toda la información personal.

Hola. Me llamo Claudia Márquez Rico y tengo 14 años. Soy mexicana y vivo en México DF. Mi padre se llama Carlos, mi madre se llama Rosario y tengo dos hermanos que se llaman Luis y Rodrigo. Me gusta la música y mi pasión es la lectura. No me gustan las personas que no respetan la naturaleza y no me gusta mucho ir al instituto, pero es obligatorio … ¡Así es la vida! Por cierto, como me encantan los animales en casa tenemos un perro chulísimo que se llama "Malaspulgas".

Hola a todos y todas. Mi nombre es Andrés. Aunque nací en Marruecos y mi padre es marroquí, mi nacionalidad es española porque mi madre es española. Vivimos en Madrid y soy hijo único. Tengo 15 años. Creo que soy un buen estudiante y, la verdad, me gusta ir al instituto y me encanta hacer deporte y salir con mis amigos, quienes dicen que soy un chico muy abierto y sociable.

Hola. ¿Qué tal? Yo soy Fernando pero todos mis amigos me llaman "Fer". Tengo 16 años y mi cumpleaños es el 29 de mayo. Estudio tercer curso de ESO en un instituto de mi barrio y mis aficiones son el cine y jugar con el ordenador. Soy un "friki" de los videojuegos y de la tecnología. Vivo en Sevilla en un piso y en mi familia somos mis padres, mi hermana y yo, claro.

3 Discutid en pequeños grupos cuál de los tres chicos os parece más simpático. Argumentad vuestras opiniones.

VOCABULARIO

Los meses del año

enero	julio
febrero	agosto
marzo	septiembre
abril	octubre
mayo	noviembre
junio	diciembre

En español los meses se escriben en *minúsculas*.

4 Escribe en tu cuaderno una lista con preguntas para conocer la información básica de una persona y contéstalas con tu información personal. Usa los pronombres interrogativos del cuadro en el paso 1.

EL ABECEDARIO EN ESPAÑOL TIENE 27 LETRAS:
a, b, c, d, e, f, g, h, i, j, k, l, m, n, ñ, o, p, q, r, s, t, u, v, w, x, y, z

Unidad 1: Mi mundo

5 🗨️ 🌼 Habla con tus compañeros y/o compañeras y realiza las siguientes actividades.

1. Haced una fila, ordenada según las fechas de vuestros cumpleaños.
2. Haced grupos según vuestras nacionalidades.
3. Haced una fila en orden alfabético según vuestros nombres.
4. Haced grupos según el número de personas en vuestras familias.
5. Haced grupos según vuestras aficiones.

CONSEJO

Para deletrear tu nombre y apellidos y para dar tu correo electrónico debes conocer el abecedario. Normalmente suele deletrearse con alguna referencia a países, ciudades o nombres.

Mi correo electrónico es lolarico@google.com. L de Luxemburgo, O de Oslo, L de Luxemburgo, A de América, R de Roma, I de Italia, C de Cáceres, O de Oslo, arroba (@) punto (.) com

6 🔊 Pista 2 Escucha a estas personas. Copia y completa la tabla en tu cuaderno con sus direcciones de correo electrónico.

Nombre	Correo electrónico
1	
2	
3	

7 🗨️ 📝 Pregunta a tres de tus compañeros/as y completa esta ficha en tu cuaderno con la información.

Nombre:
Apellido(s):
Nacionalidad:
Edad:
Fecha de nacimiento:
Correo electrónico:
Aficiones:

Cambridge IGCSE Spanish as a Foreign Language

1.2: Mi día a día

Objetivos

Vocabulario:
- Las acciones habituales
- La rutina diaria
- Las tareas domésticas

Gramática:
- El presente de indicativo regular
- Los verbos reflexivos en presente
- La hora
- Las expresiones de frecuencia

Competencias comunicativas:
- Hablar y preguntar por la rutina diaria
- Preguntar y dar información horaria

A  B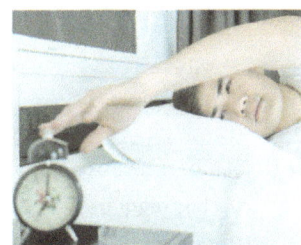

C  D

E  F

G  H

I  J

K  L

1 Lee las frases y relaciónalas con las fotos. Usa el diccionario.

1. Luego me pongo el pijama y doy las buenas noches a mis padres.
2. Almuerzo en la cafetería del instituto con mis amigos.
3. Cuando acaban las clases hago deporte.
4. Desayuno en casa.
5. Me ducho por la noche cuando llego a casa.
6. Mientras mi madre prepara la cena, hago los deberes.
7. Más tarde me acuesto y leo un poco en la cama.
8. Me visto rápidamente.
9. Me levanto muy temprano.
10. Después de cenar veo un poco la televisión para relajarme.
11. Voy al instituto en autobús.
12. Ceno con mis padres.

Unidad 1: Mi mundo

2 ¿Y tú? Escribe en tu cuaderno una lista con tu rutina básica diaria.

3 Busca los verbos que aparecen en la actividad 1 y escribe en tu cuaderno una tabla con los infinitivos.

Ejemplo:

Me pongo → Infinitivo: ponerse

EL PRESENTE

El presente se usa para expresar acciones habituales, frecuentes y acciones que ocurren en el momento en el que se habla. Existen verbos regulares e irregulares.

Verbos regulares

Desayunar

yo desayuno	nosotros(as) desayunamos
tú desayunas	vosotros(as) desayunáis
él/ella desayuna	ellos/ellas desayunan

Beber

yo bebo	nosotros(as) bebemos
tú bebes	vosotros(as) bebéis
él/ella bebe	ellos/ellas beben

Vivir

yo vivo	nosotros(as) vivimos
tú vives	vosotros(as) vivís
él/ella vive	ellos/ellas viven

Verbos irregulares más frecuentes

Ir

yo voy	nosotros(as) vamos
tú vas	vosotros(as) vais
él/ella va	ellos/ellas van

Ser

yo soy	nosotros(as) somos
tú eres	vosotro(as) sois
él/ella es	ellos/ellas son

Los verbos reflexivos

Muchos verbos que expresan la rutina diaria son reflexivos y se usan siempre con los pronombres reflexivos (me, te, se, nos, os, se).

Verbos regulares: levantarse, ducharse, arreglarse, peinarse, cepillarse, lavarse, afeitarse.

Levantarse

yo **me** levanto	nosotros(as) **nos** levantamos
tú **te** levantas	vosotros(as) **os** levantáis
él/ella **se** levanta	ellos/ellas **se** levantan

Verbos irregulares: despertarse, ponerse (la ropa), vestirse, acostarse

Despertarse	**Ponerse**	**Vestirse**	**Acostarse**
yo me despierto	me pongo	me visto	me acuesto
tú te despiertas	te pones	te vistes	te acuestas
él/ella se despierta	se pone	se viste	se acuesta
nosotros(as) nos despertamos	nos ponemos	nos vestimos	nos acostamos
vosotros(as) os despertáis	os ponéis	os vestís	os acostáis
ellos/ellas se despiertan	se ponen	se visten	se acuestan

4 ¿Recuerdas a Fer? Ha escrito una entrada en su Blog "Frikinformático" sobre su rutina diaria. Lee el texto y responde a las preguntas en tu cuaderno.

PÁGINA PRINCIPAL   SOBRE MÍ   CONTENIDOS   CONTACTO   BLOG

Hola a tod@s. Aquí tenéis una nueva entrada donde voy a escribir un poco sobre mi rutina diaria. Normalmente me levanto a las siete (seven) y cuarto, lo más tarde posible porque me encanta dormir. Luego, si tengo tiempo, desayuno con mi hermana, meto mi tableta en la mochila y salimos de casa. La mayoría de las veces la acompaño hasta su colegio y luego yo voy a mi instituto. ¡Nunca sin mi tableta!

Como ya sabéis, estudio 3° de la ESO y en el instituto estudiamos un montón de asignaturas. Y una vez a la semana, además de estudiar, hacemos deporte. ¡Qué rollo!

Después del instituto vuelvo a casa en autobús y casi siempre juego con el ordenador hasta que llegan mis padres, tiempo de hacer los deberes. A veces, antes de cenar, veo un poco la tele o juego con mi hermana pequeña. Generalmente más lo primero que lo segundo.

Finalmente me acuesto y me duermo, pero antes de dormir juego en la cama un poco más con mi tableta. ¡Es mi secreto! ¿Y tú? ¿Qué haces en un día normal?

2 Comentarios:

Carlos145: Me encanta tu blog. Yo también soy un friki de los videojuegos y todos los días juego una o dos horas con el ordenador.

Marialuisa: Yo me levanto más temprano que tú. ¡Siempre a las 6 de la mañana! Y también estudio 3° de la ESO. ¿Cómo se llama tu instituto?

Preguntas:
1. ¿Por qué se levanta Fer tarde?
2. ¿Qué hace Fer con su hermana cuando salen de casa?
3. ¿Dónde y con qué frecuencia hacen Fer y sus compañeros(as) deporte?
4. ¿Cuándo hace Fer sus deberes?
5. ¿Cuál es el secreto de Fer?

5 Escribe en tu cuaderno un comentario para el blog de Fer y cuéntale todo lo que haces en un día normal. Usa expresiones de frecuencia.

VOCABULARIO

Expresiones de frecuencia:

(casi) siempre / nunca
todos los días / todas las tardes / todas las noches
algunas veces
a veces
la mayoría de las veces
a menudo

los lunes
normalmente
generalmente
por lo general
una vez / dos veces al día, a la semana, al año

Unidad 1: Mi mundo

RINCÓN CULTURAL

La siesta

En muchos países de Latinoamérica y en España, algunas personas suelen dormir una media hora después de la comida. Algunos se van a la cama y otros, simplemente, lo hacen en el sofá. A este tipo de descanso se le llama siesta.

La siesta, desde el punto de vista científico, no es más que una reacción biológica del cuerpo que nos provoca una sensación de sueño y cansancio general después de comer y, especialmente, cuando hace calor.

Sin embargo, debido a los actuales horarios escolares y laborales de muchas personas, esta siesta es más un mito que una realidad. Por eso, solo durante los fines de semana o las vacaciones la gente puede dormir la siesta.

¿Y tú, duermes la siesta?

6 🔊 **Pista 3** Escucha esta información. Copia y completa la tabla en tu cuaderno.

Actividades	Hora
1	
2	
3	
4	
5	
6	

7 🐾 En grupos, haced algunos gráficos simples (tienes abajo un ejemplo) con las rutinas y horarios de los alumnos de la clase. Preguntad, entre otras cosas:

¿A qué hora os levantáis?

¿A qué hora coméis?

¿A qué hora cenáis?

¿A qué hora os acostáis?

¿A qué hora hacéis los deberes?

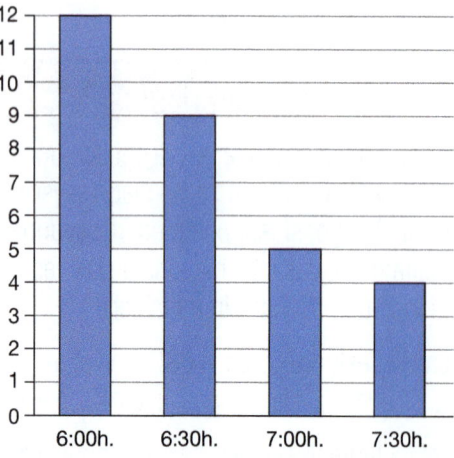

VOCABULARIO

¿Qué hora es?

Son las ocho (8) y cuarto (15)

Es la una (1) y veinte (20)

¿A qué hora?

A las ocho (8) y cuarto (15)

A la una (1) y veinte (20)

Las tareas domésticas

1 ¿Conoces estos objetos? ¿Qué se puede hacer con ellos? Relaciona la tarea doméstica con el objeto.

1 Plancha
2 Aspiradora
3 Lavadora
4 Escoba
5 Bolsa de basura
6 Estropajo
7 Bolsa
8 Collar y cadena del perro
9 Plumero
10 Mantel

Tareas domésticas:

A Hacer las compras
B Fregar los platos
C Poner la mesa
D Barrer el suelo
E Pasar la aspiradora
F Lavar la ropa
G Planchar la ropa
H Sacar la basura
I Pasear al perro
J Limpiar el polvo

2 Hablad en pequeños grupos. ¿Tú qué haces para ayudar en casa? ¿Quién se ocupa de las tareas domésticas en tu familia? ¿Quién ordena tu habitación? Copia y completa la tabla en tu cuaderno.

Tarea doméstica	Persona de la familia

3 Pista 4 Escucha a estos cuatro jóvenes y di si las informaciones son verdaderas o falsas. Si son falsas, escribe la información correcta en tu cuaderno.

1 Dos de los jóvenes tienen hermanos.
2 A las dos chicas les gusta hacer las tareas de la casa.
3 Los dos chicos arreglan sus cuartos.
4 Una chica saca a pasear al perro como excusa para chatear con el móvil.
5 Dos de los jóvenes reciben dinero de sus padres cuando ayudan en casa.

4 En grupos de 3–4 personas preparad un diálogo y escenificadlo. Sois una familia y estáis organizando y discutiendo sobre las tareas domésticas. Escribid los diálogos, ensayadlos y presentadlos delante de la clase. Si queréis, podéis grabarlos en vídeo.

Unidad 1: Mi mundo

1.3: Mascotas y aficiones

Objetivos

Vocabulario:
- Mascotas y animales de compañía
- Aficiones y pasatiempos
- Actividades de tiempo libre
- Estructuras y expresiones para expresar gustos y preferencias

Gramática:
- Los verbos gustar y preferir

Competencias comunicativas:
- Hablar e intercambiar información sobre mascotas
- Hablar sobre gustos y preferencias

A

B

C

D

E

F

G

Mis mascotas

1 Habla con tu compañero/a. ¿Qué te parece este ránking? ¿Estás de acuerdo? ¿Cuál crees que puede ser el número 10?

Los nueve animales de compañía más populares.

1. Perros
2. Gatos
3. Hámsteres
4. Peces
5. Ratones
6. Conejillos de Indias
7. Pájaros
8. Serpientes
9. Iguanas
10. ?

H

I

Cambridge IGCSE Spanish as a Foreign Language

2 Habla con tu compañero/a y pregúntale si le gustan los animales. Si sí le gustan pregúntale cuál es su animal favorito y por qué. Preguntale también si tiene una mascota.

VOCABULARIO

El verbo gustar
me gusta(n)
te gusta(n)
le gusta(n)
nos gusta(n)
os gusta(n)
les gusta(n)

Con el verbo **gustar** debes usar un sustantivo con el artículo determinado "el, la, los, las" o un infinitivo:
Me gustan **los animales**.
Me gusta **tener** animales.

Para expresar preferencias se suele usar el verbo **preferir** o el verbo **gustar + más**:

El verbo preferir
yo prefiero
tú prefieres
él/ella prefiere
nosotros(as) preferimos
vosotros(as) preferís
ellos/ellas prefieren

No me gustan los perros. **Prefiero** los gatos.
No me gustan los ratones. **Me gustan más** los hámsteres.

3 Lee el texto y di si la información es verdadera o falsa. Si es falsa, escribe la respuesta correcta en tu cuaderno.

Los perros, los gatos y los humanos

Las mascotas son una parte importante de nuestras vidas y tienen una relación muy especial con los humanos. Viven con nosotros en todo el mundo y en todo tipo de comunidad. Son animales domésticos y eso significa que han vivido tan cerca de los humanos que después de miles de años ya se han acostumbrado a nosotros. Nos hacen compañía, nos dan cariño y nos enseñan a ser mejores.

Pero, ¿cuál es la mascota ideal? ¿El perro o el gato?

Por lo general, los perros necesitan más cuidados, más tiempo de atención y son más ruidosos. Los gatos, en cambio, son más independientes y son perfectos para personas que viven solas y trabajan todo el día.

Algunos perros ayudan a cazar, reúnen los rebaños, encuentran a personas o tiran de los trineos en la nieve. Los gatos, aunque son animales más independientes y necesitan menos atención que los perros, también ayudan a alguna gente a cazar, por ejemplo, roedores. De esta forma, los gatos y los perros nos ayudan a ser más felices y responsables y mejoran nuestras vidas.

Dependiendo de la elección y los gustos está claro que los humanos hemos hecho un trato con ellos: nos ayudan y nosotros debemos cuidarlos, porque si los animales que nos rodean están felices y sanos, nosotros también lo estamos. ¡Todos ganamos!

¿Verdadero o falso?

1. El texto trata sobre la relación de los animales con las personas.
2. Según el texto, los perros son animales más dependientes que los gatos.
3. Los perros son la mascota ideal para la gente que tiene mucho trabajo.
4. Los gatos y los perros tienen efectos positivos en las personas.

4 Escribe en tu cuaderno un texto de 90–100 palabras sobre "la mascota perfecta". En el texto debes:

a   decir cuál es para ti la mascota perfecta
b   argumentar tu opinión
c   comentar algunas características sobre la mascota perfecta.

Unidad 1: Mi mundo

5 En grupos. Mirad este póster y discutid:
- ¿Os gusta?
- ¿Qué representa?
- ¿Qué significa?

Haced un póster con fotos, razones y motivos para adoptar una mascota.

NO ME COMPRES
NO SOY UN JUGUETE
Si estas Navidades quieres hacer una buena acción
y quieres hacer un buen regalo,
la adopción de un perro es la mejor de las acciones.

Mis aficiones

1 Mira las fotos y lee las actividades. ¿Qué actividades no tienen ilustración?

Ir al cine	Ver la tele
Ir al teatro	Escuchar música
Leer libros	Jugar con el ordenador
Escribir poemas	Tocar la guitarra
Salir con los amigos	Chatear y escribir mensajes
Pintar	Hacer deporte

A

B

C

D

E

F

VOCABULARIO

Para hablar de gustos, aficiones y actividades de tiempo libre solemos usar las siguientes estructuras:

Mis aficiones / hobbies / pasatiempos son tocar la guitarra y escuchar música.
Me gusta jugar al baloncesto. (gustar/encantar + infinitivo)
Hago deporte a menudo. (verbo en presente - actividad regular, repetida)
Suelo pasear por el parque una vez a la semana. (soler + infinitivo)

Recuerda:
- los pronombres me, te, le, nos, os, les en los verbos gustar y encantar
- El verbo soler es irregular o > ue
  suelo, sueles, suele, solemos, soléis, suelen

2 🔊 **Pista 5** Escucha a estos cuatro chicos hablando sobre sus aficiones y pasatiempos. Copia y completa el cuadro en tu cuaderno.

Nombre	¿Qué le gusta?	¿Por qué?	¿Qué no le gusta?	¿Por qué no?

IDIOMA

Expresiones coloquiales (lengua oral)

Para actividades que no te gustan:

¡Qué rollo!

¡Qué muermo!

¡Qué molesto!

Para actividades que te gustan mucho:

¡Qué pasada!

¡Es la caña!

¡Qué guay!

RINCÓN CULTURAL

La música es una expresión artística y cultural que nos acompaña en cualquier momento del día, especialmente en esta era de los medios de comunicación y las nuevas tecnologías.

Si te gusta la música, y especialmente bailar, en Latinoamérica y en España hay una variedad enorme de ritmos y estilos que son muy populares en todo el mundo. La salsa, el merengue, el pop latino, el tango o el flamenco son algunos ejemplos de estos estilos musicales.

Músicos y artistas como Shakira, Juanes, Gardel, Celia Cruz, Maná, Enrique Iglesias, Juan Luis Guerra o Paco de Lucía han llevado la música "en español" hasta lo más alto del panorama musical internacional.

3 📧 Lee este correo electrónico y responde a Mariló en tu cuaderno. En el texto debes:

a presentarte brevemente

b responder a sus preguntas

c decir cuáles son tus pasatiempos preferidos y por qué

d decir cuáles son las aficiones que no te gustan y por qué

De: Mariló Martín Romero <marimar@yatoo.ec>
Para: <estudiantedeespanol@igcse.es>
Asunto: Hola desde Quito
Fecha: 26 de mayo de 2017   **Hora:** 17.30 h.

Hola.
No sé cómo te llamas pero sé que estudias español, y por eso te escribo este correo, para hacer un intercambio contigo. Yo soy ecuatoriana y vivo en Quito, la capital.
Mis aficiones son bailar y cantar. Voy a una escuela de música porque quiero ser cantante famosa. ¿Y a ti, te gusta la música?
Otro de mis pasatiempos favoritos es jugar al golf. Me encanta porque es muy divertido y no produce estrés como el resto de los deportes. ¿Tú sabes jugar al golf?
Bueno, estoy hablando mucho de mí y todavía no sé nada de ti.
Espero tu correo.

Un abrazo
Mariló

---

4 💬 ¿Conoces a los artistas mencionados en el cuadro de cultura? Habla con tu compañero/a y encuentra el estilo musical de cada uno.

Unidad 1: Mi mundo

1.4: Mi casa y mi ciudad

Objetivos

Vocabulario:

- Tipos de viviendas
- Adjetivos para describir una vivienda, una ciudad, etc.
- Las partes de la casa
- La ciudad y el campo

Gramática:

- Verbos para describir y situar: ser, tener y haber
- Las preposiciones de lugar
- La comparación

Competencias comunicativas:

- Describir tipos diferentes de vivienda
- Describir y expresar diferencias entre las ciudades y el campo
- Hacer comparaciones

A

B

C

D

1 ¿Dónde viven estas personas? Relaciona las fotos con las descripciones.

1. Carlos: Vivo en una casa en el campo. Es grande y muy cómoda.
2. Viviana: Nosotros vivimos en un apartamento en la costa. No es muy grande pero está a muy pocos metros de la playa.
3. Rosa: Yo vivo con mi perro en una casa adosada con un pequeño jardín.
4. Ramiro: Mis padres y yo tenemos un piso en la ciudad. Es muy luminoso y tenemos un balcón.

2 ¿Y tú, dónde vives?
Habla con tu compañero/a sobre dónde vivís.

Cambridge IGCSE Spanish as a Foreign Language

Las habitaciones de la casa:

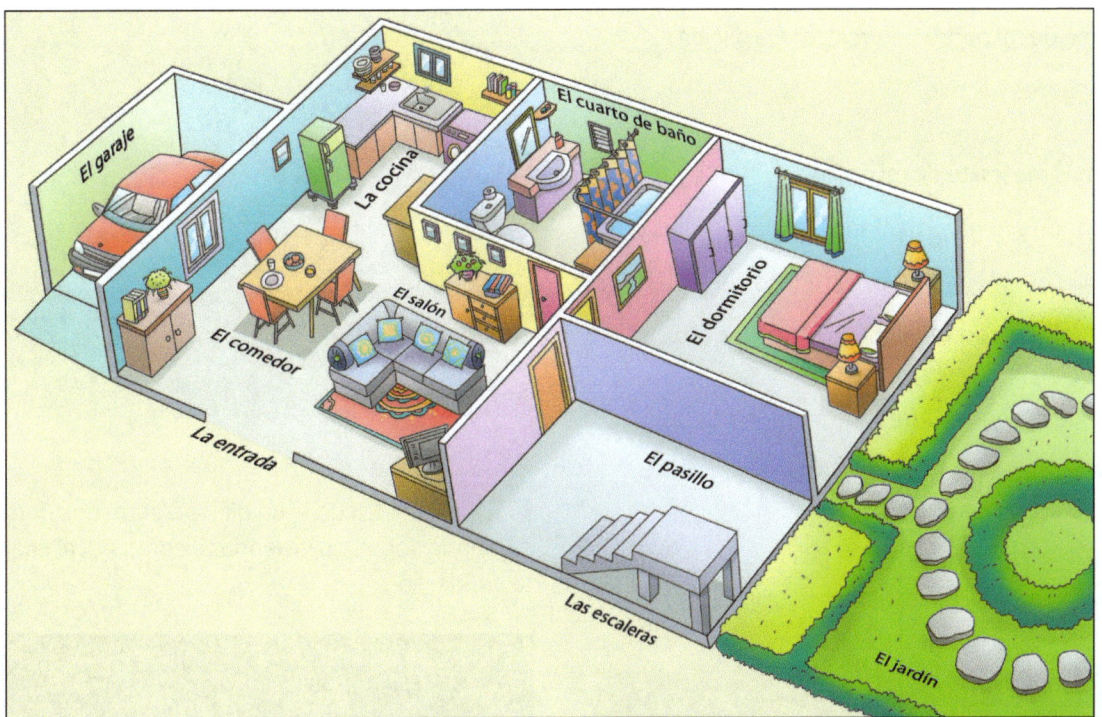

3 Elige una parte de la casa y escribe en tu cuaderno el nombre de los muebles que hay. Usa el diccionario y comparte tu trabajo con el resto de la clase.

DESCRIBIR Y SITUAR LUGARES

Para describir una vivienda se suele usar el verbo **tener** y/o la estructura impersonal **hay**:

Mi apartamento tiene dos plantas, un balcón y un garaje.

En mi casa hay dos salones, dos dormitorios, un cuarto de baño y una cocina muy grande.

Para situar usamos el verbo **estar**:

La cocina está al lado del salón y la habitación de mi hermano está al final del pasillo.

Preposiciones y expresiones para situar con el verbo estar:

- al lado de
- entre
- a la derecha de / a la izquierda de
- delante de / detrás de
- cerca de / lejos de
- a las afueras de
- enfrente de
- a unos 3 kilómetros de / a pocos metros de

Ésta es mi casa, una .... en Carmona, un pueblo súper bonito y muy pintoresco a las afueras de Sevilla. Está situada en un barrio muy tranquilo, con pocos vecinos y, aunque no es demasiado grande, para nosotros es más que suficiente.

En la primera planta hay una cocina, un pequeño baño y un salón, con una .... para cuando hace frío en invierno y con muchos .... antiguos que eran de mis abuelos.

4 Lee el texto. En tu cuaderno escribe por orden las palabras del cuadro que lo completan.

jardín	dormitorio
muebles	piscina
chimenea	cuarto de baño
escaleras	casa adosada

Unidad 1: Mi mundo

En la segunda planta, al lado de las ………, está el otro ………, la oficina de mi padre y enfrente de la oficina el ……… de mis padres y el mío.

Pero lo que más me gusta de mi casa es el ………. Es grande y hemos plantado algunos árboles y plantas de todo tipo. Mi madre tiene mucho gusto para las plantas y le encanta cuidarlo.

¿Y lo que menos me gusta? Pues que no tenemos ……… y, la verdad, en verano hace mucho calor.

5 Mira estos dormitorios. ¿Cuál te gusta más? ¿Cuál se parece más al tuyo? ¿Qué estilo te gusta más?

6 Pista 6 Escucha un diálogo entre dos personas hablando sobre sus viviendas y completa el cuadro en tu cuaderno.

¿Dónde vive?	¿Cuántas habitaciones tiene?	¿Tiene piscina?	¿Con quién vive?
1			
2			

7 Lee este anuncio de un apartamento en la playa. En tu cuaderno, escribe un email al propietario para explicarle cuándo queréis reservar y preguntarle sobre:

- mobiliario y camas
- vecinos
- lavadora
- animales/mascotas
- precio.

Apartamento para las vacaciones en Conil. Costa de la Luz, España.

Descripción de la vivienda: Apartamento de 60 metros cuadrados (m²) con vistas al mar. Dispone de cocina totalmente equipada (frigorífico, horno y microondas), salón-comedor, dos dormitorios, un baño, balcón y terraza/azotea para compartir con otros vecinos.

Posibilidades de aparcamiento en el párking de la playa.

Mi ciudad

1 ¿Has visitado alguna gran ciudad? ¿Cómo se llama en español? ¿Dónde está? ¿Qué sabes de ella? Comparte la información con tus compañeros.

2 Relaciona el vocabulario que aparece en el cuadro con los diferentes lugares de esta ciudad. Usa el diccionario.

> río, museo, cine, colegio, Correos, aparcamiento, hospital, farmacia, hotel, parque, parada de autobús, estación de trenes, centro comercial, estadio de fútbol supermercado, teatro

3 Lee este diálogo y contesta a las preguntas en tu cuaderno.

- Perdone, ¿para ir al Teatro del Arte, por favor?
- ¿El Teatro del Arte?
- Bueno, no está muy lejos de aquí pero el camino es un poco complicado.
- ¿Es mejor, entonces, tomar un taxi?
- No está lejos pero son unos 20 minutos si va a pie ¿Tiene un mapa?
- Sí, aquí tiene.
- Mire, siga por esta misma avenida hasta el final y luego gire a la derecha. Después, siga todo recto por la calle del Museo y a la altura de la calle Gloria Fuertes, gire otra vez a a la derecha. Tome esa calle, camine unos doscientos metros y, entre el edificio de Correos y un banco grande, está el Teatro del Arte.
- Bueno, no parece tan complicado.
- Ya le digo, unos 20 minutos caminando tranquilamente.
- Muy bien, gracias.
- De nada.

Preguntas:

1. ¿Qué está buscando?
2. ¿Está cerca de donde se encuentran?
3. ¿Se puede ir a pie?
4. ¿En qué calle está el Teatro?
5. ¿Entre qué dos edificios se encuentra?

Unidad 1: Mi mundo

Expresiones útiles para preguntar / encontrar el camino:

¿Para ir / llegar al parque de la Luz, por favor?

¿Me podría indicar/decir cómo llegar al parque de la Luz?

Siga por / Tome / Coja la calle Romero …

Gire

Cruce

Todo recto

A la derecha / izquierda

Hasta el final de la calle

A la altura de

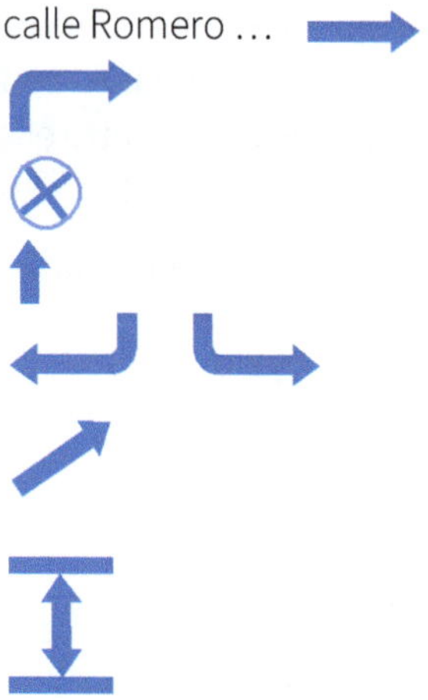

3   ¿Cómo son los patios cordobeses?
4   ¿Qué pasa en Córdoba en el mes de mayo?
5   ¿Qué es desde 2012 la fiesta de los patios cordobeses?

5  Escribe un texto sobre tu ciudad en tu cuaderno. ¿Dónde vives? ¿Cómo es? ¿Qué hay y qué no hay en tu ciudad? ¿Qué te gusta y qué no te gusta? Trata de usar las expresiones del cuadro de vocabulario.

VOCABULARIO

Mi ciudad está en el norte / sur / este / oeste de …

Mi ciudad es muy bastante / demasiado …

En mi ciudad (no) hay …

(No) Me gusta mi ciudad porque …

En mi ciudad (no) se puede …

Lo que más/menos me gusta de mi ciudad es …

6 Lee este folleto turístico sobre Barcelona y contesta a las preguntas en tu cuaderno.

Barcelona, una ciudad internacional

Barcelona es la capital de Cataluña, única e inolvidable, repleta de arte, cultura y belleza. Es la ciudad de Gaudí, de los museos, de los cafés y restaurantes, de los teatros y de los conciertos, de los juegos olímpicos de 1992, del equipo de fútbol F.C. Barcelona y de muchas cosas más.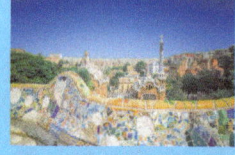

Actividades para hacer

Caminar a lo largo de las Ramblas para disfrutar de músicos callejeros y estatuas vivientes. Montar en el Tranvía Blau para subir hasta la cima de la montaña del Tibidabo y ver las magníficas vistas de la ciudad. Visitar la catedral de la Sagrada Familia, los edificios modernistas de Gaudí y el Parque Güel. Pasear a lo largo del Passeig de Gràcia para ver las más conocidas "boutiques" de Barcelona.

Disfrutar de la arena blanca y de las puestas de sol en la Barceloneta, y a continuación, después de oscurecer, ir de tapas y copas por las calles estrechas del Barrio Gótico donde hay bares de tapas, bodegas y hasta pubs irlandeses. Y para comer, ir al barrio del Born, un paraíso gastronómico lleno de restaurantes con lo mejor de la nueva cocina catalana.

¡Porque en Barcelona hay de todo!

RINCÓN CULTURAL

Los patios cordobeses

Córdoba, una ciudad española en Andalucía, es famosa mundialmente por sus patios con fuentes y pozos para el agua. Estos patios son una herencia de la cultura romana y musulmana, y es el resultado de adaptar las viviendas al clima seco y caluroso de la región.

Estos patios están decorados con macetas y flores de gran belleza y colorido. El barrio más característico para visitarlos es el Alcázar Viejo, entre el Alcázar y la iglesia de San Basilio, aunque también los podemos encontrar en otros barrios de la ciudad.

Desde el año 1921, el Ayuntamiento de la ciudad organiza en mayo un concurso de patios, periodo en el que los propietarios abren las puertas de sus casas y sus patios a los turistas y visitantes de la ciudad. En 2012 la Unesco reconoció la fiesta de los patios de Córdoba como Patrimonio Cultural Inmaterial de la Humanidad.

4 Lee el texto sobre los patios cordobeses y responde a las siguientes preguntas.

Preguntas:

1   ¿De qué ciudad se habla en el texto?
2   ¿Qué origen tienen estos patios?

Preguntas:

1. ¿Dónde está Barcelona?
2. ¿Qué famoso arquitecto construyó algunos edificios en Barcelona?
3. ¿Qué es "El Born"?
4. ¿Qué se puede hacer en el Barrio Gótico?
5. ¿Qué es la Barceloneta?
6. ¿Qué se puede hacer desde la montaña del Tibidabo?

¿Vivir en el campo o en la ciudad?

1 Lee estos comentarios de algunas personas sobre el tema "vivir en el campo" o "vivir en la ciudad". ¿Estás de acuerdo? Comenta tu opinión con tu compañero/a.

1. En las ciudades hay más inseguridad y es peligroso.
2. En la ciudad hay problemas de contaminación.
3. En el campo la gente es más sociable y colaborativa.
4. No hay muchas formas de diversión para los jóvenes si vives en un pueblo.
5. En el campo no hay muchas posibilidades de encontrar trabajo.
6. Los habitantes de las ciudades son egoístas.

2 En grupos. Escribid en vuestro cuaderno algunas ventajas y desventajas más sobre "vivir en el campo" o "vivir en la ciudad". Usad el diccionario. Intercambiad la información y escribid un texto usando conectores como **porque, ya que, dado que, como, por lo general, aunque** y **sin embargo**.

CONSEJO

Para hacer comparaciones usa:

más ... que

menos ... que

tan ... como (con adjetivos)

tanto/a/os/as ... como (con sustantivos)

3 Pista 7 Escucha esta entrevista radiofónica a dos chicos sobre la vida en el campo y la ciudad. Toma nota en tu cuaderno de la información sobre dónde viven y qué les gusta o no del lugar.

¿Dónde viven?	Qué les gusta	Qué no les gusta

Unidad 1: Mi mundo

4 Escribe un texto en tu cuaderno con toda la información importante sobre los dos chicos.

5 Lee el texto y contesta a las preguntas en tu cuaderno.

Los Andes, un pueblo en el corazón de Chile

La localidad de los Andes, fundada en 1791 con el nombre de Santa Rosa de los Andes, está situada a 135 km de Santiago y tiene una población de unos 55.000 habitantes. Las dos formas más fáciles de llegar a Los Andes son en coche por la Carretera Panamericana Norte y en autobús desde Santiago o desde Valparaiso. Entre sus atractivos, los visitantes pueden conocer el Parque Ambrosio O´Higgins, la Plaza de Armas, el edificio oficial de la Gobernación de Los Andes, la Iglesia Santa Rosa, la ex Estación, el ex Monasterio del Espíritu Santo y las fábricas de cerámica artesanal. Los Andes cuenta igualmente con un Museo Arqueológico donde se pueden ver una selección de piezas pertenecientes a las culturas originarias de esta zona.

Desde Los Andes se puede seguir al este, por la carretera entre montañas, para visitar tranquilos pueblos como Río Blanco y Río Colorado, conocer la Reserva Nacional Río Blanco, la cascada Salto del Soldado y llegar hasta la Laguna del Inca en la estación de esquí Portillo.

A tan solo 7 km están las Termas del Corazón, con piscinas termales a 30°C y zonas de relajación. Y como atractivo gastronómico, este pueblo de la tierra del vino del Valle de Aconcagua también ofrece una oferta grande de viñedos para visitar y disfrutar del vino.

Preguntas:

1. ¿Cómo se puede llegar a Los Andes?
2. ¿Qué edificios religiosos hay en Los Andes para visitar?
3. ¿Qué se puede admirar en el Museo Arqueológico?
4. ¿Dónde están las Termas del Corazón?
5. ¿Se puede esquiar en esta zona?
6. ¿Qué se puede comprar en los viñedos de la zona?

1.5: Mi instituto, mi clase y mis profesores

Objetivos

Vocabulario:

- El sistema educativo y el mundo escolar
- El material escolar
- Las clases, las asignaturas y los profesores
- Adjetivos para describir

Gramática

- La concordancia del adjetivo (género y número)
- Los determinantes posesivos

Competencias comunicativas:

- Poder hablar sobre el sistema escolar
- Describir asignaturas y profesores

Mi instituto, mi clase y mis profesores

1 Relaciona las fotos con el nombre de las asignaturas.

1. Música
2. Ciencias Naturales
3. Matemáticas
4. Inglés
5. Español
6. Educación Física
7. Física
8. Química
9. Educación Plástica
10. Tecnología
11. Geografía
12. Historia

A
B
C
D
E
F
G
H
I
J
K

Unidad 1: Mi mundo

2 En tu cuaderno, copia y completa las definiciones con el nombre del material escolar en cuestión. Usa el diccionario.

1 La .... sirve para borrar cuando escribimos con lápiz.

2 El .... sirve para guardar todo el material escolar como lápices, gomas, tijeras, bolígrafos, etc.

3 Los .... son de papel y tienen muchas hojas. Nos sirven para escribir y hacer los deberes.

4 La .... sirve para medir y hacer líneas rectas.

5 El .... sirve también para escribir pero no se puede borrar tan fácilmente como el lápiz.

6 La .... la usamos en clase de Matemáticas y nos ayuda a hacer cálculos de forma rápida y exacta.

7 Los .... sirven para escribir, pintar y marcar y son de colores diferentes. Se secan con facilidad.

8 Las .... sirven para cortar papel, cartulinas, cartón y otros materiales.

3 Lee este horario escolar y contesta. Escribe las respuestas en tu cuaderno.

Preguntas:

1 ¿Cuántas clases tienen al día?
2 ¿Cuántas asignaturas tienen?
3 ¿A qué hora empiezan las clases?
4 ¿A qué hora terminan las clases?
5 ¿Cuánto tiempo de recreo tienen?
6 ¿Cuándo y a qué hora tienen Inglés, Historia y Matemáticas?

4 ¿Y tú? Escribe un pequeño texto sobre tu horario escolar en tu cuaderno.

5 ¿Cómo te imaginas un aula en Cuba, México, España o en otros países hispanohablantes? ¿Sería como en estas fotos? Escribe tu texto en tu cuaderno y explica tu respuesta.

6 Pista 8 Escucha a estos jóvenes hablando sobre sus asignaturas y sus profesores. Copia y completa el cuadro en tu cuaderno.

Asignatura/s	¿Le gusta? / ¿No le gusta?	¿Cómo es el/la profesor/a?
1		
2		
3		
4		

	Lunes	Martes	Miércoles	Jueves	Viernes
8:00–8:45	Matemáticas	Inglés	Matemáticas	Inglés	Historia
8:45–9:30	Alemán	Alemán	Alemán	Inglés	Matemáticas
9:30–10:15	Química	Física	Química	Física	Teatro
10:15–11:00	Tecnología	Estudio	Tecnología	Estudio	Geografía
11:00–11:45	Historia	Historia	Historia	Estudio	Geografía
11:45–12:30	Recreo	Recreo	Recreo	Recreo	Recreo
12:30–13:15	Ciencias Naturales	Educación Plástica	Ciencias Naturales	Educación Plástica	Música
13:15–14:00	Educación Física	Ciencias Naturales	Música	Educación Física	Educación Física

Cambridge IGCSE Spanish as a Foreign Language

7 Escribe en tu cuaderno los adjetivos con los que los jóvenes han descrito a sus profesores y escribe el adjetivo que signifique lo contrario. Escríbelo en singular y plural en la forma masculina y femenina. Usa el diccionario.

Ejemplo:

1 *simpático/simpática ≠ antipático/antipática*
   simpáticos/simpáticas ≠ antipáticos/antipáticas

MASCULINO/FEMENINO – CONCORDANCIA Y POSICIÓN DEL ADJETIVO

El adjetivo en español concuerda con el sustantivo en género (masc./fem.) y en número (sing./pl.).
La marca del femenino es –a y la del plural –s.
un profesor simpático / una profesora simpática
unos profesores positivos / unas profesoras positivas
Los adjetivos que acaban en –e no cambian.
un profesor agradable / una profesora agradable
unos profesores agradables / unas profesoras agradables

POSESIVOS

mi, tu, su, nuestro, vuestro, su profesor / mis, tus, sus, nuestros, vuestros, sus profesores
mi, tu, su, nuestra, vuestra, su profesora / mis, tus, sus, nuestras, vuestras, sus profesoras

---

8 Mira esta foto y escribe un texto en tu cuaderno. Describe la clase y escribe tu opinión sobre qué tipo de instituto es, cómo es la profesora y qué asignatura están estudiando en el momento de la foto. Argumenta tus opiniones.

RINCÓN CULTURAL

El sistema educativo en España

El sistema educativo español se organiza en diferentes etapas, ciclos, grados, cursos y niveles de enseñanza.

La **Educación Infantil** es la primera etapa educativa y tiene la finalidad de contribuir al desarrollo físico, afectivo, social e intelectual de los niños. Se ordena en dos ciclos: el primero, hasta los tres años y el segundo, que es gratuito, desde los tres a los seis años de edad.

La **Educación Primaria** también tiene carácter obligatorio y es gratuita. Comprende seis cursos académicos, entre los seis y los doce años de edad. La finalidad de la Educación Primaria es facilitar a los alumnos/as el aprendizaje de la expresión y comprensión oral, la lectura, la escritura, el cálculo, la adquisición de nociones básicas de cultura, los hábitos de convivencia, estudio y trabajo, el sentido artístico, creativo y afectivo, con el fin de garantizar una formación integral para el desarrollo de la personalidad de los alumnos/as.

La **Educación Secundaria Obligatoria (ESO)** es una etapa educativa obligatoria y gratuita que completa la educación básica. Los alumnos tendrán derecho a permanecer en régimen ordinario cursando la enseñanza básica hasta los 18 años de edad.

El **Bachillerato** forma parte de la educación secundaria post-obligatoria, y por lo tanto tiene carácter voluntario. Comprende dos cursos académicos, que se realizan ordinariamente entre los 16 y 18 años de edad.

Finalmente, la **Educación Superior**, después de los 18 años, está formada por la enseñanza universitaria, las enseñanzas artísticas superiores, la formación profesional de grado superior y las enseñanzas deportivas de grado superior.

9 Grabad un video-presentación de vuestro instituto. Hablad sobre los profesores, las asignaturas, el horario, las instalaciones, etc.

Unidad 1: Mi mundo

1.6: Me gusta el deporte

Objetivos

Vocabulario:
- Los deportes y los deportistas
- Verbos y adjetivos para describir actividades deportivas

Gramática:
- Los verbos jugar, hacer y practicar

Competencias comunicativas:
- Conocer diferentes tipos de deportes y poder hablar sobre ellos

1 ¿Jugar o hacer? Mira estos pictogramas. Encuentra el nombre de estos deportes y escribe en tu cuaderno si se usan con el verbo **jugar** o con **hacer**. Escribe algunos ejemplos.

> **VOCABULARIO**
>
> La mayoría de los deportes se expresan en español de cuatro formas:
>
> 1 Con el verbo **jugar** y la preposición **a**. Nosotros **jugamos al** tenis todos los fines de semana.
> 2 Con el verbo **hacer**. Marina **hace** kárate desde los 10 años.
> 3 Con el verbo **practicar** y el nombre del deporte. **Practico el esquí** desde hace mucho tiempo.
> 4 Con un verbo concreto (**nadar, montar a caballo, montar en bicicleta, correr, boxear, esquiar**, etc.)

1  2  3  4

5  6  7  8

9  10  11  12

2 Contesta en tu cuaderno a las preguntas de este cuestionario. Comenta las respuestas con tus compañeros/as y escribid una lista con los deportes que os gustan y/o practicáis.

Cuestionario sobre el deporte

1. ¿Te gusta el deporte? ¿Por qué?
2. ¿Cuál es tu deporte favorito?
3. ¿Con qué frecuencia haces deporte?
4. ¿Cómo es tu forma física? ¿Estás en forma?
5. ¿En qué época del año haces más deporte?
6. ¿Participas en competiciones deportivas?
7. ¿Qué piensas de los deportes de aventura?
8. ¿Consideras que el deporte debe ocupar un lugar importante en la educación de los niños/as y jóvenes?
9. ¿Cuál es el deporte más popular de tu país?
10. ¿Qué deporte te gustaría empezar a practicar?

3 Lee esta entrevista a Javier Fernández, campeón mundial de patinaje artístico, y responde a las preguntas en tu cuaderno.

P Hola Javier. ¿Cuántos años tienes?
R Tengo 23 años.
P Y con esa edad, ¿eres el mejor del mundo?
R Sí, he ganado el campeonato del mundo. Soy el mejor del mundo, por lo menos este año.
P ¿Con qué edad te pusiste por primera vez los patines?
R Con seis años. Es que mi hermana también patinaba. Era muy buena y fue a campeonatos de Europa y del mundo.
P Y en tu infancia, ¿te dijeron alguna vez que el patinaje era un deporte de chicas?
R Sí, muchas veces. Pero no le di mucha importancia aunque, lo queramos o no, España es todavía un país de deportes masculinos. Somos un país de futbolistas y "futboleros".
P ¿Vives en España?
R No, con diecisiete años me mudé a Estados Unidos y ahora tengo mi residencia en Canadá.
P ¿Es posible ser campeón viviendo y entrenando en España?
R En las condiciones actuales, no. Yo en España tenía un buen nivel, pero cuando quieres ser mejor necesitas muchas cosas que allí no tenemos: más horas para entrenar, una buena calidad del hielo, contacto con deportistas de alto nivel …
P ¿Y cómo te llevas con tu "enemigo" en la pista, el japonés Hanyu, el subcampeón del mundo?
R Me llevo muy bien con él. Somos amigos y compartimos muchas horas de hielo. Aunque a veces es difícil hablar con él porque su nivel de inglés no es muy bueno.
P Muchas gracias por la entrevista, señor campeón. ¡Enhorabuena por el título!
R Gracias a vosotros.

Preguntas:

1. ¿Cómo se llama el deporte que practica Javier Fernández?
2. ¿Cuándo empezó a patinar?
3. ¿Qué opinión tiene Javier del deporte español?
4. ¿Dónde vive actualmente?
5. ¿Por qué, según Javier Fernández, no es posible ser campeón en España?
6. ¿Quién es Hanyu?

4 Una persona que hace deporte es un **deportista**. ¿Sabes cómo se llaman las personas que practican estos deportes? ¿Podrías deducir alguna regla?

1 Fútbol
2 Judo
3 Ciclismo
4 Balonmano
5 Tenis
6 Boxeo
7 Atletismo
8 Baloncesto
9 Patinaje
10 Kárate

5 Mira la bandera y el logo de los Juegos Olímpicos. Escribe un texto o una presentación en el ordenador. Tu trabajo deberá incluir:

1 Una explicación sobre el origen de la bandera.
2 Algún comentario sobre qué simboliza el color blanco de la bandera.
3 Una descripción del logo y su simbología.
4 Tu opinión personal.

6 Pista 9 Escucha a estos jóvenes hablando sobre los deportes que practican. ¿Sabes cuáles son? Copia y completa el cuadro en tu cuaderno.

7 Describe en tu cuaderno algunos deportes y lee tus textos a tus compañeros/as. ¿Qué deportes son?

8 ¿Sabes qué es la Capoeira? Lee y ordena con números estos párrafos para reconstruir el texto original.

a En la Capoeira la música juega un papel muy importante y los tres instrumentos básicos son el berimbau, el pandeiro y el atabaque, una especie de tambor africano.

b Su origen es la respuesta a la opresión y las pobres condiciones de su vida como esclavos y la necesidad de esconder la lucha y sus frustraciones dándoles forma de baile a la vista de sus vigilantes.

c Se puede realizar tanto en lugares cerrados como abiertos, con un suelo nivelado y con suficiente amplitud.

d La capoeira es un deporte, mezcla de arte marcial y danza, desarrollado por los esclavos en Brasil con movimientos de ataque, defensa y acrobacia.

¿Qué deporte es?	¿Qué tipo de deporte es? (colectivo/individual/*otro detalle*)	¿Qué se necesita?	¿Qué reglas tiene?
Ejemplo: Rugby	Colectivo	Terreno, balón	15 jugadores, no puedes lanzar el balón delante de ti

Cambridge IGCSE Spanish as a Foreign Language

e Este deporte tiene beneficios para el cuerpo y la mente. Por una parte tiene la cualidad de mejorar el sistema circulatorio, dar flexibilidad al cuerpo y fortalecer los músculos y por otra, ayuda aprender el valor de la disciplina y reducir el estrés.

f El berimbau es el instrumento que decide el ritmo y la velocidad en el que los movimientos y la lucha deben realizarse.

9 En grupos, cread un nuevo y original deporte y sus reglas. Haced un vídeo o un póster para presentarlo a toda la clase.

10 En parejas, preparad y representad una entrevista al imaginario inventor de alguno de los nuevos deportes presentados en la actividad anterior. Hacedle preguntas sobre su persona (nombre, edad, nacionalidad, domicilio, familia, gustos y carácter), y sobre su nuevo deporte (reglas del juego, qué tiene el nuevo deporte de especial y beneficios para la salud).

Unidad 1: Mi mundo

Repasa

1 **Pista 10** Vas a escuchar una serie de comentarios o diálogos cortos. Para cada pregunta indica tu respuesta.

Estás hablando con un amigo sobre su instituto y sus profesores.

1. Tu amigo dice algo sobre sus asignaturas: ¿Cuáles son sus asignaturas favoritas?
   - A   Matemáticas y Música
   - B   Inglés y Matemáticas
   - C   Historia e Inglés
   - D   Francés y Matemáticas

2. Le preguntas a tu amigo sobre su profesora de Matemáticas. Te responde: ¿Cómo es tu profesora de Matemáticas?
   - A   Es simpática
   - B   Es amable
   - C   Es antipática
   - D   Es estricta

3. Le preguntas a tu amigo dónde está el instituto: ¿Dónde está tu instituto?
   - A   En el centro de la ciudad
   - B   En un pueblo pequeño
   - C   En las afueras de la ciudad
   - D   En un barrio residencial

4. Quieres saber algo sobre su horario de clases: ¿A qué hora empiezan las clases de Educación Física?
   - A   A las diez menos cuarto (9:45)
   - B   A las nueve y media (9:30)
   - C   A las tres y media (15:30)
   - D   A las doce y cuarto (12:15)

2 Lee el texto atentamente. Para cada pregunta indica tu respuesta.

La Educación Secundaria Obligatoria (ESO) es una etapa obligatoria y gratuita en el sistema educativo español para todos los alumnos en edad escolar.

Los estudios de la ESO se realizan después de cursar los estudios de Educación Primaria y los alumnos comienzan esta etapa a los doce años y la finalizan a los dieciséis. La ESO está estructurada en dos ciclos: un primer ciclo de tres cursos y un segundo ciclo de un curso.

La evaluación de la ESO es continua, formativa e integradora. Se puede pasar de un curso a otro cuando existe una evaluación positiva en todas las asignaturas o negativa en un máximo de dos asignaturas. Al terminar el cuarto curso (4°) de la ESO, los alumnos deberán realizar una prueba de evaluación individualizada, pero solo pueden presentarse a esta prueba los alumnos que han obtenido una calificación positiva en todas las materias.

Cambridge IGCSE Spanish as a Foreign Language

Los estudios de la ESO proporcionan la formación necesaria para seguir los estudios hacia el Bachillerato o la Formación Profesional de grado medio, y también facilita la incorporación al mercado laboral. Una vez terminados los estudios, los alumnos recibirán la titulación de graduado/a en Educación Secundaria Obligatoria.

1 La ESO es una etapa educativa ...

    A opcional para los alumnos

    B para alumnos que estudian en las grandes ciudades

    C que comienza tras la Educación Primaria

2 La ESO es una etapa educativa estructurada en ...

    A 4 cursos

    B 2 cursos

    C 3 cursos

3 Para realizar el examen final del último ciclo de la ESO se necesita ...

    A aprobar todas las signaturas del 4° curso

    B estudiar la ESO en un instituto oficial

    C tener estudios primarios y secundarios

4 Al terminar los estudios de la ESO los alumnos pueden ...

    A trabajar

    B estudiar lenguas

    C viajar al extranjero

VOCABULARIO

Usa las listas de vocabulario al final del libro para repasar cada tema.

Unidad 2: Vida personal y social

Introducción

El tiempo libre es una parte muy importante de nuestra vida. Todos tenemos diferentes intereses que pueden ser comunes en muchos casos. En este sentido, es útil poder describir nuestro entorno social con amigos y conocidos y el de nuestra familia, además de profundizar un poco más en el tema de las fiestas y las celebraciones en el mundo hispánico y los diferentes tipos de comida que más nos gusta. ¿Te apuntas?

2.1: Familia y amigos

Objetivos

Vocabulario:

- Familia y amigos
- El parentesco
- Adjetivos para describir personas

Gramática:

- Comparativos y superlativos
- Aumentativos
- Diminutivos

Competencias comunicativas:

- Preguntar y dar información básica sobre la familia y los amigos
- Describir e intercambiar información sobre una persona
- Hacer comparaciones entre personas

1 Fotografías para recordar. Mira las siguientes fotos sobre familia y amigos y decide quién habla.

Alberto: Me encanta mi familia. Mi mujer Raquel tiene treinta años y trabaja en una compañía de comunicaciones. Tenemos dos niños, Martina y José. Los dos tienen el pelo castaño y se parecen mucho a la familia de Raquel.

Marta: Mis mejores amigos estudian conmigo en la escuela. Dicen que parezco sueca, por mi pelo rubio y mis ojos azules. Me encanta ir al cine y leer y el año que viene voy a ir a la universidad a estudiar literatura inglesa.

Rosa: Mi novio Manuel estudia en el instituto conmigo. Tiene los ojos marrones y una bonita sonrisa. A mis padres les gusta mucho. Yo vengo de Guinea Ecuatorial. Tengo el pelo negro y la piel morena. Mis padres tienen una empresa de muebles en el centro de Madrid.

Unidad 2: Vida personal y social

Carta a mi amiga Marta sobre mi familia

VOCABULARIO

Parentesco

¿Cómo se dice en tu idioma?

padre	hijo/a	primo/a
madre	hermano/a	cuñado
padrastro	tío/a	
madrastra	abuelo/a	

2 Con tu compañero/a, amplía tu vocabulario sobre los siguientes miembros de la familia. Aquí tienes una serie de palabras que tienes que buscar en el diccionario.

suegro/a	hermanastro/a
nieto/a	hermano/a mayor/menor
sobrino/a	gemelos/as
primo/a segundo/a	mellizos/as

3 *Pista 11* Escucha a Enrique presentando a los miembros de su familia. Después, escribe en la casilla correspondiente el número de miembros que menciona. Copia y completa la tabla en tu cuaderno.

Miembro de la familia	Número
Hermanos	
Hermanas	
Abuelos	
Primos	
Tíos	
Sobrinos	

IDIOMA

Familia
Mi tío/a
Mi primo/a
Mi abuelo/a   **está**
Mi hermano/a

Estado civil
casado/a
divorciado/a
viudo/a
soltero/a
separado/a
jubilado/a
comprometido/a

4 Imagina que eres Marta y tienes que escribir una respuesta a Rubén. Sigue el modelo de carta informal que te proponemos, contestando a todas las preguntas de Rubén.

Querida Marta:

Muchas gracias por tu carta y por tu interés en mantener correspondencia conmigo. Me preguntas cómo es mi familia en Uruguay. Mi padre se llama José y tiene cuarenta y tres años. Es ingeniero técnico en una compañía multinacional y le encanta ir al cine, leer biografías de personajes famosos y visitar museos de arte. Mi madre es profesora de piano en una escuela de secundaria y tiene treinta y nueve años. Le encanta hacer deporte y cada día va a clases de natación. Tengo un hermano que se llama Álvaro. Tiene veinte años y es estudiante de química en la Universidad de la República. Es un buen chico y tiene muchos amigos. Lo admiro. Mi hermana Bárbara estudia en el instituto. Tiene catorce años y es muy trabajadora. Sus asignaturas preferidas son las matemáticas y el dibujo. Por la tarde va también a clases de inglés y alemán y le encanta escuchar todo tipo de música, desde pop y rock hasta los clásicos. Mi tío vive en Chile y a veces voy a visitarlo. Está separado y le encanta viajar por todo el mundo. Se llama Fabián y no tiene hijos. Me llevo muy bien con él.
Vivo en Montevideo con mis padres y mi hermana en una casa de cuatro habitaciones, y en este momento estoy estudiando idiomas para hacer la carrera de traducción. Me encantan los idiomas. Mi hermano vive en un apartamento con otros estudiantes cerca de la universidad. Los fines de semana nos viene a visitar y vamos a ver algún partido de fútbol del barrio o al cine. A los dos nos encantan los deportes. Mis abuelos también viven en Montevideo, en una casa pequeña en las afueras. Tienen un jardín y una pequeña piscina y están jubilados. Les gusta mucho ir de excursión a la montaña y en verano van cada día a la playa. Tengo muchos primos pero todos viven en Estados Unidos.

¿Y tú, Marta? ¿Cómo es tu familia? ¿Tienes hermanos o primos? ¿Qué edad tienen? ¿Qué estás estudiando en estos momentos?

¡Escribe pronto!

Un abrazo,
Rubén.

5a En la foto te presentamos una familia numerosa. Descríbela a tu compañero/a utilizando el vocabulario de las nubes.

Es alto/a, bajo/a, de talla mediana

Tiene el pelo negro, rubio, castaño, pelirrojo, largo, corto, ondulado, liso, **es** calvo

Tiene los ojos azules, negros, verdes, marrones

Lleva gafas, tiene pecas, tiene barba, tiene bigote

5b Con tu compañero/a, contesta a las siguientes preguntas. Tienes que utilizar el vocabulario de la actividad 5a. ¿Cuántas personas hay en tu familia? ¿Cómo se llama tu padre y cuantos años tiene? ¿Y tu madre? ¿Cómo tiene los ojos y el pelo? ¿Cuántos hermanos tienes? ¿Tienes abuelos? ¿Cómo se llaman? ¿Cuántos primos tienes? ¿Te llevas bien con ellos? ¿Por qué?

CONSEJO

Para describir de forma precisa una imagen utiliza las siguientes expresiones.

En primer plano
En segundo plano
Al fondo de la imagen
En la parte superior de la imagen   **+ hay, se ve, podemos ver**
En la parte inferior de la imagen
A la derecha de la imagen
A la izquierda de la imagen
En el centro de la imagen

6 Lee los cinco mensajes que Inés escribe a sus mejores amigos antes de marcharse a vivir con sus padres a Alemania. ¿Cuáles son los adjetivos que utiliza Inés para describir a sus amigos? Coloca la lista en el libro de notas.

Mensajes para mis amigos que están lejos

Existen muchas razones que pueden llevarte lejos de tus buenos amigos, sin embargo la amistad es algo que puede durar para siempre. Comparte con tus amigos las siguientes frases y demuéstrales lo mucho que los echas de menos.

1 Te extraño mucho. Eres una persona alegre y cariñosa, con un gran sentido del humor y que nunca se enfada. Me encanta tu sonrisa. No dejes de escribirme nunca, a pesar de la distancia.

2 Estoy lejos de casa pero esto no significa que no me acuerde de ti. Echo en falta tu buen carácter, siempre tan simpático y cortés con todos tus amigos. Eres encantador, de verdad. Tengo la seguridad de que nos volveremos a encontrar.

3 Valoro la gran amistad que nos une. Eres un tesoro. Optimista, trabajador y un poco tímido, aunque siempre me has ayudado cuando lo necesitaba. Nos reencontraremos de nuevo. Estoy segura.

Unidad 2: Vida personal y social

4 ¿Por qué me da la sensación de que no puedo dejar de pensar en nuestra amistad? Estoy lejos, pero esto no significa que no me acuerde de ti. Eres una persona honesta y fuerte, además de encantadora en todos los sentidos y muy divertida. Escríbeme.

5 La amistad perdura a través del tiempo y la distancia con ilusión. No olvido nuestras charlas y los momentos felices que pasamos juntos. Siempre tan elegante, muy guapa y agradable con todos. Estoy segura de que nos volvemos a ver de nuevo.

7 Habla con tu compañero/a sobre tres de tus mejores amigos. Utiliza los adjetivos del ejercicio anterior y los siguientes adjetivos como referencia. Puedes utilizar también adjetivos para describirlos físicamente y ampliar tu vocabulario.

Ejemplo:

Mi amigo Manuel es muy gracioso y divertido pero a veces puede ser un poco maleducado y pesado con los profesores.

| gracioso, agresivo, antipático, caritativo, desordenado, maleducado, estricto, exigente, vago, hermoso, sociable, orgulloso, pesado, romántico, interesante, aburrido, divertido, valiente, tranquilo, pesimista, puntual, serio, tacaño, hablador, ambicioso |

COMPARATIVOS

más … que
Martina es *más* agradable *que* José.

menos … que
El profesor de matemáticas es *menos* exigente *que* el profesor de física.

tan … como
El padre de Inés es *tan* elegante *como* su hija.

COMPARATIVOS IRREGULARES

mejor que
El primo de Jaime baila *mejor que* Laura.

peor que
El carácter de Pedro es *peor que* el de Antonio.

SUPERLATIVOS

el/la más + adjetivo
El más caritativo del grupo es tu cuñado.

el/la menos + adjetivo
El menos pesado de mi clase se llama Manuel.

SUPERLATIVOS IRREGULARES

el/la mejor
La mejor persona que conozco es mi vecino.

el/la peor
El peor profesor que tengo da clase los lunes.

SUPERLATIVOS ABSOLUTOS

-ísimo/a
Los nietos de Dolores son guap*ísimos*.

AUMENTATIVOS

- *-ote/ota* muchach*ote*
- *-ón/ona* solter*ón*

DIMINUTIVOS

- *-ito* pequeñ*ito*
- *-ita* abuel*ita*

Cambridge IGCSE Spanish as a Foreign Language

RINCÓN CULTURAL

La amistad en España

En los pequeños pueblos del sur de España los amigos suelen quedar en la plaza del centro donde hay bancos para sentarse y pasar un buen rato. El clima en verano suele ser muy caluroso, por eso quedan tarde, a partir de las ocho o las nueve. Charlan, comen pipas y suelen beber algún refresco. En Andalucía es costumbre que los adolescentes pasen horas y horas hablando de sus cosas, esperando a que empiecen las fiestas animadas del pueblo o algún pequeño concierto. La vida en España es muy animada y siempre hay algo divertido que hacer en la calle.

8 Te presentamos a cinco superhéroes. En tu cuaderno, pon un nombre a cada uno de ellos y compáralos utilizando el vocabulario aprendido en la lección. Tienes que escribir como mínimo diez frases completas.

Unidad 2: Vida personal y social

2.2: Salir y divertise – el ocio

Objetivos

Vocabulario:
- Las aficiones y el tiempo libre
- Las invitaciones
- Las citas
- Programas de televisión y tipos de películas

Gramática:
- El presente continuo

Competencias comunicativas:
- Hablar e intercambiar información sobre las aficiones
- Hablar sobre el tiempo libre
- Aceptar o rechazar una invitación
- Hablar sobre una cita
- Hablar sobre programas de televisión y tipos de películas

1 Escribe en tu cuaderno el número correcto para cada foto relacionado con las actividades de ocio.

Los fines de semana …

1. practico el golf
2. juego al tenis de mesa
3. navego por internet
4. patino en la pista de hielo
5. toco el piano
6. salgo con mis amigos
7. monto a caballo
8. leo revistas

Cambridge IGCSE Spanish as a Foreign Language

2 📖 Lee el siguiente texto y selecciona las respuestas correctas.

Consejos prácticos para un día de lluvia

Imagina que viene a visitarte tu mejor amigo a casa en un día de lluvia y no podéis salir. A continuación te proponemos seis actividades que puedes hacer en casa para divertirte a lo grande.

1. **Cocinar:** ¿Tienes hambre? ¿Por qué no propones a tu amigo hacer un plato de comida que os guste a los dos? Para ello tienes que encontrar una buena receta. Hay un montón en internet, desde risotto a ensaladas de todo tipo, pasta con salsa de pesto, tortilla española o una riquísima tarta de chocolate. Utiliza tu tableta electrónica y empieza a seguir las instrucciones que te proponen. Seguro que será un éxito.

2. **Bicicleta estática:** ¿Tienen tus padres una bicicleta estática en el garaje? ¿Por qué no aprovechas y haces un poco de deporte ahora que tienes tiempo libre? Puedes hacer turnos con tu amigo y ver quién hace más kilómetros en menos tiempo. Hacer deporte es bueno para tu salud y te lo pasarás genial. Además, es una actividad que puedes acompañar con tu música preferida.

3. **Bailar:** Ritmo, espacio, energía, expresión creativa. Bailar es divertido. Escoge la música que más te apetezca y empieza a dar los primeros pasos al compás de la música. Puedes encontrar el género musical que más te apetezca en YouTube o en páginas web similares. Después, si quieres, puedes imitar con tu amigo los pasos de la coreografía. ¡Adelante!

4. **Verdadero o falso:** El juego de preguntas de verdadero o falso es una opción muy entretenida para pasar un día de lluvia con tu amigo. Puedes utilizar el juego de mesa o la innumerable oferta que te ofrece internet. Se basa en obtener puntos y pasar niveles contestando a las preguntas correctamente. El tiempo para cada pregunta es limitado, así que date prisa, ¡Y que gane el mejor!

5. **Dibujar:** ¿Te gustan los cómics o los mangas japoneses? ¿Por qué no intentas contar una pequeña historia a través de viñetas? Hay un montón de aplicaciones por internet que te ayudan a dibujar los ojos, las manos y el cuerpo de tus personajes favoritos. ¿Y por qué no te inventas tu propio personaje? Puedes presentarte a los concursos para jóvenes que hay cada mes con tu nueva historia. Y lo puedes hacer todo con la ayuda de tu mejor amigo en casa. ¡Trabajar en equipo es divertidísimo!

6. **Ver una película clásica:** Te proponemos descubrir una película clásica que te divierta. Por ejemplo, *El Gran Dictador* de Charles Chaplin o *El Hombre Tranquilo* de John Ford. Hay muchas películas gratis que puedes encontrar por internet para ver con tu amigo y siempre puedes pedir consejo a tus padres. Sólo necesitas un buen sofá, alguna cosa para picar y una buena taza de chocolate caliente. Mejor imposible.

Sigue estos consejos si el tiempo no acompaña. ¡No te arrepentirás!

Preguntas:

1. El autor da consejos de cómo los adolescentes pueden divertirse
   - A   para salir de casa
   - B   en un día lluvioso
   - C   en un día soleado
   - D   sin hacer actividades

2. Utilizar la bicicleta estática en un día de lluvia
   - A   es aburrido
   - B   es práctico
   - C   es saludable
   - D   es malo para tu salud

3. Ponerse a bailar puede ser una buena actividad
   - A   si crees que estás cansado.
   - B   si tienes ganas de pasar un buen rato.
   - C   si no te sabes la coreografía de las canciones en YouTube.
   - D   si quieres imitar a tu amigo.

4. Para jugar a verdadero o falso
   - A   puedes llamar a tus padres para darte prisa.
   - B   tienes que obtener puntos con la ayuda de tu amigo.
   - C   tienes que contestar rápido ya que el tiempo es limitado.
   - D   tienes que decir la verdad.

5. Ver una película clásica que te divierta
   - A   es realmente muy caro pero interesante.
   - B   sirve para poder picar algo en el sofá de casa.
   - C   es fácil de encontrar por internet.
   - D   es un consejo que te dan tus padres.

Unidad 2: Vida personal y social

VOCABULARIO

Aficiones:

hacer bricolaje	 nadar	 hacer piragüismo
 bucear	 montar en bicicleta	 hacer windsurf
 tocar la batería	 correr	 esquiar
 ir con monopatín	 ir de pesca	 jugar al ping-pong
 hacer senderismo	 jugar a los videojuegos	 hacer equitación

Cambridge IGCSE Spanish as a Foreign Language

3 En tu cuaderno, escribe un correo electrónico a tus padres sobre las actividades que estás haciendo de lunes a domingo en un albergue del campamento de la Sierra de Gredos, con un grupo de estudiantes internacionales. Puedes seguir este ejemplo como modelo.

Enviado: Martes, 15 de junio. 18:23

Asunto: Las colonias en Gredos

Hola papá y mamá:

¿Cómo estáis? Los campamentos en la montaña de Gredos son ideales. Los lunes jugamos al fútbol por la mañana. Por la tarde vamos a la piscina con el grupo y por la noche leemos o vemos la televisión. Los martes…

Me lo estoy pasando muy bien.

Muchos besos.

Gustavo

RINCÓN CULTURAL

Campamentos de verano para jóvenes en España

En España hay un montón de ofertas de campamentos de verano, desde talleres de cine y fotografía hasta prácticas de vela o de surf. La comida y el alojamiento están incluidos y la edad varía entre los 5 y los 18 años, con actividades específicas para cada grupo y que pueden incluir también jóvenes de otros países. Los monitores están muy preparados para realizar todo tipo de actividades y el tiempo de duración va desde una semana a un mes. La experiencia cultural y deportiva es fenomenal y los jóvenes aprenden a mejorar su capacidad de comunicación y trabajar en grupo, creando vínculos de amistad que pueden durar toda la vida. Los campamentos o colonias más populares son las que se realizan en la costa española, en albergues frente a la playa, pero hay también campamentos en la montaña o incluso en el extranjero para aprender diferentes idiomas.

4 Con tu compañero/a contesta a las siguientes preguntas sobre lo que te gusta hacer en tu tiempo libre.

¿Cuáles son tus principales aficiones? ¿Qué es lo que más te gusta hacer en tu tiempo libre? ¿Qué es lo que menos te gusta hacer? ¿Te gusta practicar deportes? ¿Por qué? ¿Qué deportes practicas normalmente? Y en verano, ¿qué actividades haces normalmente?

Unidad 2: Vida personal y social

PRESENTE CONTINUO

Usamos el **presente continuo** para hablar de una acción o actividad *momentánea*.

Estar

estoy
estás
está
estamos   + Gerundio
estáis
están

VERBOS TERMINADOS EN –AR

+ -ando

Estoy estudiando con mi amiga Ana.

VERBOS TERMINADOS EN –ER, –IR

+ -iendo

Estoy comiendo en un restaurante.
Estoy escribiendo una carta.

VERBOS CON CAMBIO VOCÁLICO E-I

mentir: mintiendo
reír: riendo
decir: diciendo

VERBOS CON CAMBIO VOCÁLICO O-U

dormir: durmiendo

VERBOS CON CAMBIO EN LA TERMINACIÓN I-Y

leer: leyendo
oir: oyendo
traer: trayendo
ir: yendo

LOS PRONOMBRES *REFLEXIVOS* VAN ANTES O DESPUÉS DEL VERBO DEL GERUNDIO

Me estoy duchando.
Estoy duchándo*me*.

5 Copia las frases en tu cuaderno y complétalas con la forma correcta del presente continuo.

Ejemplo:

> Pedro, veo que *estás jugando* (jugar) en la cancha de baloncesto todo el día. ¡Tienes que hacer los deberes!

a En la clase de inglés .... (leer) Romeo y Julieta porque vamos a ver la obra de teatro el mes que viene con toda la clase.

b ¡Mira por la ventana, Pedro! ¡El vecino de abajo .... (nadar) en la piscina con este frío y no ha traído toalla!

c Sara .... (estudiar) mucho para los exámenes. Va a sacar muy buenas notas si sigue así.

d ¿Ya os .... (entrenar) para el partido de fútbol? ¡El partido es el viernes de la semana que viene!

e Sí, mamá, ahora .... (comer) pescado frito con los tíos. Está buenísimo. ¿Me puedes llamar más tarde?

f ¿Qué canción .... (escuchar)? ¡Estás totalmente en silencio!

g No despiertes a tu padre que todavía .... (dormir). Espera un par de horas. Necesita descansar.

6 Empareja los diálogos con las fotos.

1 Agradezco mucho tu invitación pero no puedo ir. Por la tarde tengo una cita con el dentista y después tengo que acompañar a mi madre al mercado. Lo siento.

2 Gracias por tu invitación. Estoy encantado. Tengo muchas ganas de ir con mi prima este fin de semana a tu casa. Envíame la dirección por correo electrónico, por favor. Nos lo vamos a pasar muy bien.

3 Tengo muchas ganas de asistir a tu fiesta de cumpleaños pero estoy ocupado todo el sábado. Estos días estoy trabajando hasta muy tarde. Es una lástima pero no puedo hacer nada más.

4 Acabo de recibir tu invitación. Desafortunadamente me han puesto muchos deberes en el instituto y después me toca cuidar a mi hermano pequeño. Tal vez la próxima vez. Saludos.

5 El concierto del viernes me parece muy buena idea. Me apunto. Estoy mirando las entradas por internet. ¿Quieres que las compre?

6 Podemos quedar el lunes después de la clase de piano. ¿Qué te parece? Dime a qué hora te va bien.

A

B

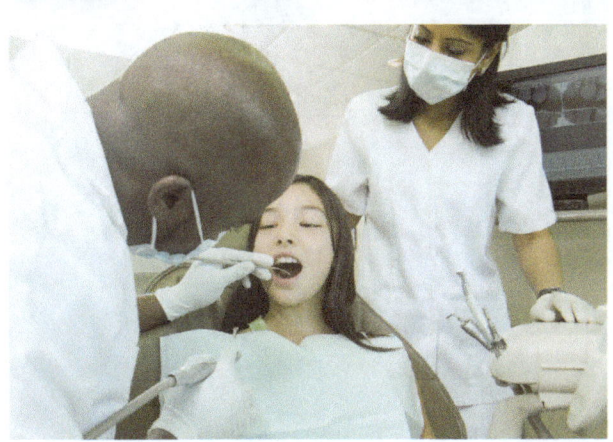

C

D

E

F

Unidad 2: Vida personal y social

IDIOMA

Frases útiles en invitaciones

Preguntas	Respuestas
¿Te apetece ir al cine conmigo?	Por supuesto. ¿A qué hora quedamos?
Quedamos a las tres	¡Genial! ¿Dónde nos encontramos?
Frente al centro comercial	Vale/De acuerdo
Hasta luego	Adiós

7 ¿Dónde quedamos? Habla con tu compañero/a y cambia las frases que están subrayadas. Utiliza los lugares del recuadro.

la parada de autobús	la piscina municipal
el parque	la estación de trenes
el club de jóvenes	el polideportivo

Ejemplo:

A: ¿Dónde quedamos hoy?

B: En la plaza Mayor.

A: ¿A qué hora te va bien?

B: A las dos.

A: No puedo a las dos. Mejor a las dos y media.

B: De acuerdo.

> **CONSEJO**
> **Cómo escuchar**
> Para escuchar bien una pista de audio en español tienes que intentar reconocer las palabras y frases claves para entender el mensaje principal y prestar atención a lo que se pide. Una buena base de vocabulario y el contexto en el que se engloba la actividad ayuda a reconocer el sentido de las palabras y las frases que se escuchan. Es bueno también que leas la transcripción de la actividad de audio después de hacer el ejercicio para ver en qué has fallado y cómo puedes mejorar.

8 Pista 12 Vas a escuchar tres diálogos de amigos que quieren quedar para salir. Copia y completa la siguiente tabla en tu cuaderno.

	Lugar	Día y hora	Actividad
A			
B			
C			

9 Vas a hacer una presentación sobre los diferentes tipos de programas de televisión y películas que te gustan. Utiliza el siguiente recuadro y haz uso de imágenes para tu presentación. Puedes hacerla con tu compañero/a si así lo prefieres. Tienes que justificar tu respuesta.

Ejemplo:

Me gustan los documentales porque son interesantes.

> **La televisión y el cine**
>
> **Tipos de programas de televisión:** Documentales, series, telenovelas, noticias, películas, deportivos, de entretenimiento.
>
> **Tipos de películas:** Románticas, de aventuras, de comedia, de guerra, de dibujos animados, de acción, de terror, de ciencia ficción, históricas, de misterio, del oeste, policíacas.

Cambridge IGCSE Spanish as a Foreign Language

2.3: Las compras

Objetivos

Vocabulario:

- Las tiendas y sus productos
- Tallas, colores y expresiones relacionadas con la ropa
- Correos, el banco y la oficina de objetos perdidos

Gramática:

- Los adjetivos demostrativos

Competencias comunicativas:

- Hablar e intercambiar información sobre las tiendas y sus productos
- Hablar sobre tallas, colores y expresiones relacionadas con la ropa
- Hacer preguntas básicas en Correos, un banco y la oficina de objetos perdidos

1 Empareja las fotografías con el nombre de las tiendas.

1. Tienda de ropa
2. Pastelería
3. Tienda de artesanías
4. Panadería
5. Carnicería
6. Frutería
7. Tienda de muebles
8. Librería
9. Pescadería

Unidad 2: Vida personal y social

2 Lee el siguiente texto:

Compras en Santiago de Chile

Santiago de Chile es un lugar ideal para ir de compras. Los horarios comerciales son de 10.00 a 21.00 horas y hay numerosas alternativas que incluyen los grandes almacenes y tiendas de electrodomésticos y multimedia, con marcas internacionales exclusivas y calles que se especializan en ofertas.

La alternativa más fácil es ir a alguno de los centros comerciales que hay en la ciudad, donde hay una gran cantidad de tiendas, siendo los más famosos Parque Arauco y Alto Las Condes, ambos en Avenida Kennedy. Además, allí se encuentran las tres grandes multitiendas del país: Almacenes París, Ripley, y Falabella, donde encontrarás buenos precios y variedad, y la cadena de tiendas Casa Ideas, con atractivos productos para el hogar a buenos precios.

Otro centro comercial destacado es Mall Sport, donde encontrarás sólo artículos deportivos como camisetas, zapatillas de deporte, bañadores o todo tipo de bolsas. Por otra parte, en la comuna de Recoleta es popular la calle Patronato, con fábricas de tela y tiendas de ropa a precios muy bajos, aunque hay que tener ganas de caminar, con paciencia y cuidado.

La zona más chic de Santiago está en Alonso de Córdoba y Nueva Costanera, en la comuna de Vitacura, con tiendas diseño, decoración y boutiques de diseñadores internacionales, reuniendo marcas como Louis Vuitton, Longchamp, BCBG, Hermes o Salvatore Ferragamo, entre otras. Otro buen lugar para visitar tiendas de diseño y comprar antigüedades es el barrio Italia que también tiene entretenidos bares, cafeterías y restaurantes.

Finalmente para quienes quieren ir directo a los *outlets* y comprar ropa de marca a buen precio, en la comuna de Quilicura, en la calle San Ignacio, se encuentran gran cantidad de *outlets*, siendo los más famosos Buenaventura y Easton Center. Allí podrás encontrar marcas como North Face, Nike, Lacoste, Ralph Lauren y más.

Productos chilenos

Si tienes interés en comprar productos típicos chilenos, artesanías y especialidades de la casa, existen varios lugares donde ir. Los dos más conocidos son el Pueblito de los Dominicos en Las Condes, y la feria artesanal del Cerro Santa Lucía, en el centro de Santiago. En ambos es posible encontrar una gran variedad de artesanía, como ropa con lana de Chiloé, muebles en cestería de mimbre o vasijas de greda de Pomaire, entre muchas otras opciones. También la feria artesanal de Pío Nono, en el barrio Bellavista, es un buen lugar para comprar.

La Fundación Artesanías de Chile tiene también varias tiendas y reúne a artesanos de todo Chile, con una enorme diversidad de productos. También tienen una exposición en el Centro Cultural Palacio de La Moneda, donde también se pueden hacer compras.

Un buen lugar para comprar arte chileno, principalmente música, películas y objetos tradicionales de nuestro país para regalar es La Tienda Nacional, ubicada en pleno Barrio Bellas Artes. Allí podrás encontrar una gran variedad de productos y serás atendido por unos dependientes jóvenes, amables y expertos.

3a En tu cuaderno escribe todo lo que puedes comprar en las siguientes tiendas y grandes almacenes de Santiago de Chile.

a Casa Ideas

b Mall Sport

c Outlets (Buenaventura y Easton Center)

d Pueblito de lose Dominicos

e La Tienda Nacional

Cambridge IGCSE Spanish as a Foreign Language

3b Relaciona los nombres de las tiendas con las ilustraciones correctas.

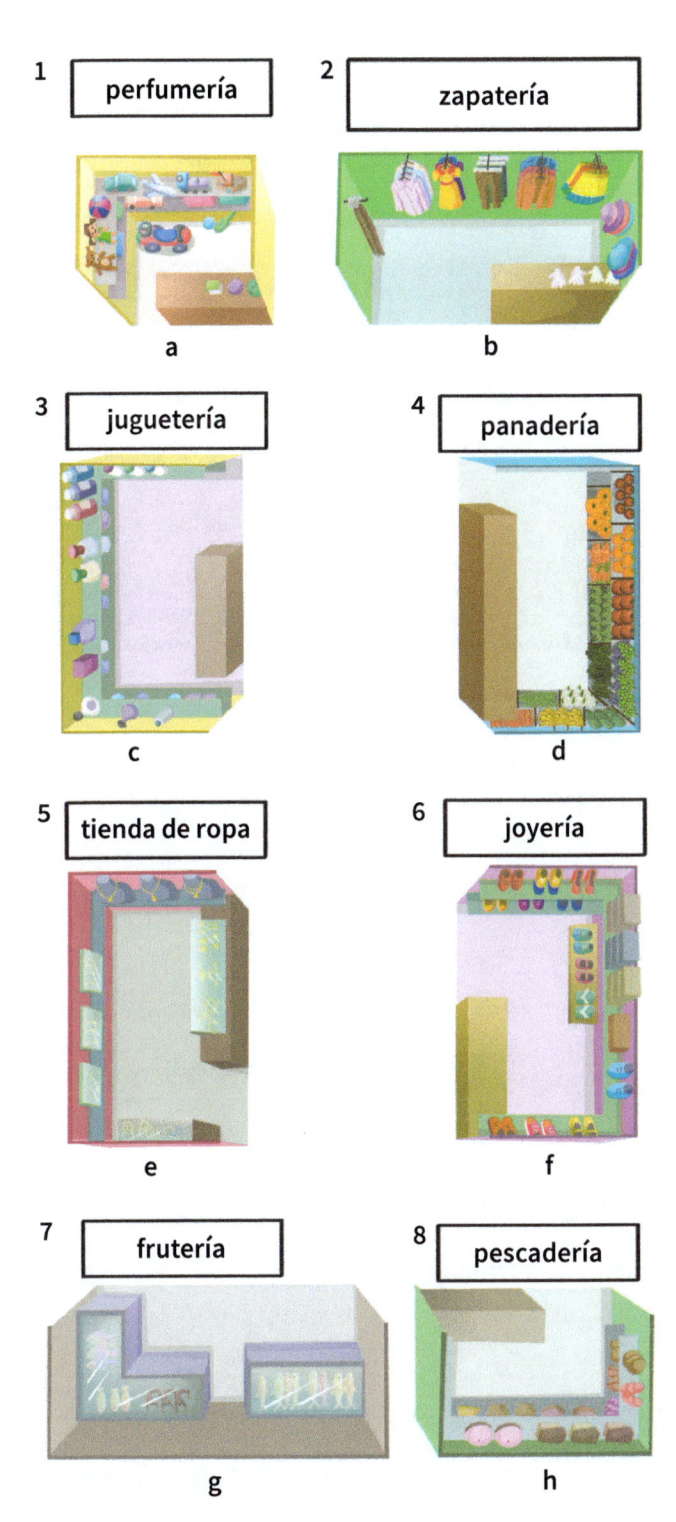

1. perfumería — a
2. zapatería — b
3. juguetería — c
4. panadería — d
5. tienda de ropa — e
6. joyería — f
7. frutería — g
8. pescadería — h

4 En tu cuaderno, escribe qué elementos del cuadro de vocabulario se pueden encontrar en cada tienda.

juguetes, paraguas, pan, camisetas, perfume, vestidos, chaquetas de cuero, cinturones, pendientes de oro, frambuesas, faldas, salmón, pantalones, colonia, zapatos, sombreros, zapatillas, pulseras de plata, cerezas, collares, manzanas, marisco, sandalias, vaqueros, anillos, botas, bufanda, guantes, melón, salchichas, sardinas

Juguetería	
Panadería	
Carnicería	
Pescadería	
Frutería	
Tienda de ropa	
Zapatería	
Perfumería	
Joyería	

5 Habla con tu compañero/a y contesta a las siguientes preguntas.

a ¿Qué productos compras normalmente cuando vas al supermercado? Utiliza la tabla de vocabulario sobre envases y cantidades. Anota la información y explica a la clase las respuestas que te ha dado tu compañero/a.

Ejemplo:

Normalmente compro dos paquetes de arroz, medio kilo de pescado…

b ¿Te gusta ir de compras? ¿Por qué? ¿Por qué no? ¿Cuáles son tus tiendas preferidas? ¿Qué tiendas hay cerca de tu casa?

VOCABULARIO

Envases y Cantidades

Barra de pan, de turrón
Bolsa de patatas, de dulces
Botella limonada, de vino
Lata de piña, de pera en almíbar
Paquete de arroz, de harina
Caja de galletas, de bombones
Una porción de tarta, de chocolate
Un pedazo de queso, de pan
Una docena de huevos, de tamales
Un kilo/ medio kilo/ un cuarto de kilo de limones, de melocotones
Medio kilo de pescado, de fresas

Unidad 2: Vida personal y social

6 **Pista 13** Una estudiante universitaria en Granada habla sobre su primera experiencia viviendo sola. Escucha su explicación y identifice los lugares que hay cerca de su casa.

- Agencia de viajes
- Farmacia
- Tienda de alimentación
- Correos
- Perfumería
- Librería
- Tienda de recuerdos
- Panadería
- Hipermercado
- Quiosco

IDIOMA

Probando ropa
Me/Te/Le queda bien.
Me/Te/Le queda mal.
Me/Te/Le queda bien el color rojo / azul / verde / dorado/a.
Me/Te/Le queda grande.
Me/Te/Le queda pequeño/a.
Me/Te/Le queda ancho/a.
Me/Te/Le queda estrecho/a.
Me/Te/Le queda largo/a.
Me/Te/Le queda corto/a.

7 Copia este diálogo en tu cuaderno y complétalo con el vocabulario del cuadro los espacios con las siguientes palabras.

Tienda de ropa – Valencia

verde   talla   temporada   queda   escaparate pantalones   cuesta

Dependiente: Buenos días.

Cliente: Buenos días. Me gustaría probarme la blusa que tiene en el …………..

Dependiente: Por supuesto. Espere un momento que la voy a buscar.

Cliente: Parece que me ………….. un poco grande. ¿Tiene una ………….. más pequeña?

Dependiente: Sí, claro. Aquí tiene.

Cliente: ¿Cuánto …………..?

Dependiente: Treinta euros.

Cliente: ¿No la tienen en …………..?

Dependiente: Esta precisamente no. Es de nueva …………..

Cliente: De acuerdo. Me la quedo. Y deme aquellos ………….. también, por favor.

Oficina de Correos – Toledo

| efectivo   formulario   paquete   recibo   sello |

Cliente: Buenas tardes. Me gustaría enviar este .... por avión. ¿Es posible?

Dependiente: Sí. ¿Adónde lo quiere enviar?

Cliente: A Francia.

Dependiente: Rellene este pequeño ...., por favor.

Cliente: También necesito un .... para esta carta a Estados Unidos, por favor.

Dependiente: Muy bien. Todo listo. ¿Cómo quiere pagar?

Cliente: En ....

Dependiente: Perfecto. Aquí tiene el ....

Banco Santander – Madrid

| cuenta   cambiar   pasaporte |

Cliente: Buenos días. Me gustaría .... estos cien euros de mi .... en dólares, por favor.

Empleado: Por supuesto. ¿Trae su carné de identidad?

Cliente: Bueno, traigo mi .... Aquí lo tiene.

Empleado: Gracias.

Oficina de objetos perdidos, estación de trenes AVE– Girona.

| cuadros   pares   contenido   rayas   ficha   bolsa |

Cliente: Hola, he perdido mi .... de viaje en el tren que va a Madrid.

Dependiente: ¿De qué color era?

Cliente: Azul marino, grande.

Dependiente: ¿Puede describirme el .... de la bolsa?

Cliente: Sí, tengo mi cámara fotográfica, un pequeño monedero, un jersey de .... con capucha, dos camisas a ...., un pijama de lana, unas zapatillas y dos .... de calcetines.

Dependiente: Necesito su DNI y rellene esta ...., por favor.

Unidad 2: Vida personal y social

ADJETIVOS DEMOSTRATIVOS

MASCULINO

Singular	Plural
este	estos
ese	esos
aquel	aquellos

FEMENINO

Singular	Plural
esta	estas
esa	esas
aquella	aquellas

CONSEJO
La concordancia

Es importante utilizar el mismo género (masculino o femenino) y número (singular o plural) en los adjetivos demostrativos que acompañan a los sustantivos.

Ejemplo:

Est**e** paragu**a**s es negr**o**. *(masculino singular)*

Es**os** pantalones son barat**os**. *(masculino plural)*

Quiero aquell**a** caj**a** de galletas. *(femenino singular)*

Me encantan est**as** fres**as**. *(femenino plural)*

8 Copia las frases en tu cuaderno y complétalas con la palabra correcta.

1. Me gusta (esta/este) .... falda. La que está colgada allí.
2. (Estos/Estas) .... pantalones de lana, ¿son los tuyos?
3. (Aquel/Aquella) .... libro, el de la derecha, es el que me quiero comprar.
4. Quiero (esos/esas) .... peras, las de color más verde.
5. (Estas/Estos) .... zapatillas rojas no me quedan bien. Voy a probarme (aquellas/aquella) .... otras.
6. El vestido azul me queda grande pero (aquellos/aquellas) .... pantalones que me he probado antes me quedan mejor.
7. Las galletas de tu madre son buenísimas y (estos/estas) .... bombones que me has traído también.
8. Pásame (aquella/aquel) .... tarta de chocolate. Tiene muy buena pinta.
9. ¿Dónde pongo (esos/esas) .... jerséis de invierno? ¡Ya no queda espacio en la caja!
10. ¿Te gusta (aquella/aquel) .... chaqueta de cuero? Si quieres te la regalo. Está rebajada un 20%.

RINCÓN CULTURAL
La ropa y las tallas

Cuando viajamos a un país extranjero las tallas de ropa y zapatos son casi siempre diferentes. Si ya en España es complicado dar con nuestra talla, cuando salimos fuera o compramos por internet, se puede convertir en un verdadero problema.

En Italia, Reino Unido, Japón, Francia, América Latina o en Estados Unidos tienen números de talla diferentes, tanto en el calzado como en los pantalones, faldas o camisas. Por eso es muy útil utilizar una tabla en la que podamos comparar el número específico de nuestra talla, con el fin de evitar confusiones y dudas al hacer la compra.

2.4: Fiestas y celebraciones

Objetivos

Vocabulario:

- Las fiestas tradicionales
- Tipos de celebraciones
- Expresiones en la celebración de una boda

Competencias comunicativas:

- Hablar y dar la opinión sobre las fiestas tradicionales
- Hablar y dar la opinión sobre varios tipos de celebraciones y sus características

1 ¿Conoces estas celebraciones? Empareja las fotografías con los nombres de las siguientes fiestas. Si no conoces alguna de las fiestas adivina a través de palabras que conoces en español.

| Los San Fermines de Pamplona   Las Fallas de Valencia |
| El Carnaval de Tenerife   La Semana Santa de Sevilla |
| La noche de San Juan de Barcelona   La Tomatina de Buñol |

Unidad 2: Vida personal y social

En la siguiente página web vas a leer cinco consejos para tu fiesta de quinceañera.

Consejos esenciales para la fiesta de quinceañera

Se acerca la fiesta de tus 15 años y sientes una gran responsabilidad para que todo salga bien. En nuestra página web tienes cinco consejos clave para que el día de la celebración de la quinceañera sea un éxito:

1 LETRAS 3D PARA TU DECORACIÓN DE 15 AÑOS

¿Estás buscando una opción original y llamativa para tu fiesta de 15 años? Si eres una chica amante de las letras y figuras en 3D no puedes dejar de incluirlas en tu ambientación. Las letras en 3D le darán un toque único y distintivo a tu fiesta.

2 ¿QUÉ VESTIDO DEBO USAR?

Estás a punto de celebrar tus quince años y son varios los interrogantes que vienen a tu mente; uno de ellos es: ¿Qué vestido debo usar? Pues la gran mayoría piensa en el color o modelo que lucirán esa noche especial, sin embargo hay un detalle que debe ser tomado muy en cuenta y que muchas veces no se le da la debida consideración: elegir el vestido según tu tipo de cuerpo. Es importante que te quede bien y que acompañe tu figura.

3 EL REGALO IDEAL PARA TU CORTEJO

Ya has elegido el cortejo perfecto para que te acompañe en tus 15 años, tus mejores amigas han estado contigo durante todo el proceso y han asistido a cada ensayo. Una forma de mostrar tu agradecimiento y hacerles saber lo especial que son para ti es con un pequeño regalo, como por ejemplo bombones, diademas o productos de maquillaje.

4 INVITACIONES ORIGINALES PARA TUS QUINCE AÑOS

Hay detalles trascendentales para que una velada sea exitosa: la decoración, el pastel y el vestido de la homenajeada son de gran relevancia. Sin embargo hay un elemento único que puede lograr que una celebración pase de normal a la mejor noche de toda tu vida, y es la invitación de tus 15 años, pues no solo es la primera impresión que reciben los invitados, sino que con creatividad y un diseño original podrás generar tanta expectativa que tus amistades no podrán esperar para asistir a lo que será el evento del año.

5 EL MENÚ PERFECTO

¿Qué tipo de comida necesito preparar para mi fiesta? Normalmente los platos que se sirven en este tipo de celebraciones son los mismos que se ven en bodas y bautizos. Es mejor presentar un bufé variado en el salón de fiestas, con todo tipo de platos y bebidas para que los invitados puedan servirse a su gusto. Ensaladas, sopas, carnes, fruta y tartas siempre tienen éxito entre los más jóvenes y son platos baratos.

---

2 Identifica qué frases son verdaderas o falsas. Si son falsas escribe en tu cuaderno la frase del texto que lo justifique.

1. Las letras en 3D son una buena opción para dar un toque único a la fiesta de quinceañera.
2. El tipo de vestido para la fiesta de quinceañera es muy importante. Para ello, se ha de tener en cuenta, sobre todo, la figura de la chica como detalle principal.
3. No tienes que dar regalos de ningún tipo a tus amigas en la fiesta de quinceañera. Es de mal gusto.
4. Para tener una fiesta exitosa, la tarjeta para asistir al evento debe ser original y creativa.
5. Para presentar un bufé con éxito en la fiesta de quinceañera hay que incluir platos muy caros.

3 Pista 14 Escucha lo que dicen estos jóvenes sobre los diferentes tipos de celebraciones en España. Rellena el cuadro en tu cuaderno con los datos que faltan. Hay varias características para cada una de las celebraciones.

Celebración	Fecha	Características principales
1	1	1 ....
2	2	2 ....
3	3	3 ....
4	4	4 ....
5	5	5 ....

Cambridge IGCSE Spanish as a Foreign Language

4 Vas a leer un texto sobre dos tradiciones muy populares que se celebran el uno de noviembre de cada año.

¿Qué es el Día de Todos los Santos?

El primer día de noviembre, las familias españolas visitan el cementerio para honrar a sus difuntos. Es el Día de Todos los Santos. La mayoría de las familias llevan flores y se suelen comer los típicos dulces para esta fiesta que son los huesos de santo, los buñuelos o, en Cataluña, los deliciosos pastelitos llamados *panellets*. Los cementerios se llenan de los más variados colores y las flores siempre quedan muy bien en las tumbas de los muertos.

¿Qué es el Día de los Muertos?

El Día de los Muertos se celebra el día uno y dos de noviembre principalmente en México y algunos países de América Central. También es muy popular en algunas partes de los Estados Unidos, como en la ciudad de Los Angeles, en California, donde la comunidad latina es bastante numerosa y les gusta celebrarlo como en México, aunque tampoco les falta tiempo para disfrazarse y pasárselo bien con música y comida.

La celebración es una mezcla de tradiciones indígenas americanas y españolas. Se ofrecen calaveras de dulce, el pan de muerto, fruta, calabazas y comida y bebidas para los difuntos, y hay veces que las ofrendas casi no caben sobre las tumbas.

5 En tu cuaderno, escribe las semejanzas y diferencias entre la tradición del día de todos los Santos en España y la del Día de los Muertos en México, América Central y Estados Unidos. Utiliza el recuadro de vocabulario para conectar las frases.

| además | también | por una parte |
| por otra parte | aunque | |

IDIOMA

Expresiones
¿Te divertiste en la fiesta?
Me lo pasé muy bien
Me lo pasé en grande
Me lo pasé como nunca   + en la fiesta
Me divertí mucho
Lo pasé genial

IDIOMA

La fiesta   + fue genial/fantástica/increíble/ estupenda/maravillosa.

6 Con tu compañero/a, contesta a las siguientes preguntas sobre fiestas y celebraciones.

- ¿Cómo son las fiestas de tu país? ¿Cuál es tu preferida?
- ¿Dónde se celebran estas fiestas? ¿Qué día se celebran? ¿Qué ropa se lleva? ¿Qué se come?

VOCABULARIO

Vocabulario para hablar de las bodas
casarse   el banquete
la boda   la ceremonia
marido y mujer   la tarta nupcial
brindar por los recién casados   los invitados
la luna de miel

Unidad 2: Vida personal y social

7 Lee el siguiente texto sobre cinco lugares donde se puede celebrar una boda. Después tienes que escribir una descripción similar de tres o cuatro frases en tu cuaderno para cada una de las palabras relacionadas con los nuevos lugares que se presentan en la caja de texto.

Cinco espacios originales para celebrar una boda que te van a enamorar

1 **Bosque**
No hay creación humana que pueda asemejarse a la belleza de la naturaleza. Si queréis declarar vuestro amor en un entorno natural, no dudéis que la hermosura de un bosque dotará de romanticismo y dulzura el enlace matrimonial gracias a la diversidad, las gamas de color y la sencillez propia.

2 **Playa**
Hoy en día, la playa no es un contexto para nada atípico pero no por ello pierde el encanto que se le atribuye. Muchas parejas se decantan por ceremonias a la orilla del mar: por la mañana o durante atardecer, a plena luz del día o alumbrados por velas. No importa el momento, inspiraos con el espacio y encontrad la forma de darle un aire personal.

3 **Castillo**
Si estáis buscando un emplazamiento como una boda de cuento, que destaque por la elegancia y la distinción, éste es el lugar perfecto. Brindar por los novios y disfrutar del banquete y la tarta nupcial en un castillo es una de las mejores experiencias que os podáis imaginar.

4 **Cabaña**
Un sitio perfecto para los novios que buscáis un lugar totalmente cubierto y original. Perfecto para entornos fríos o donde llueve mucho. Para estos espacios queda genial una decoración con velas.

5 **Río**
¿Amáis los parajes naturales? Casarse cerca de un río o alguna zona que cuente con corrientes de agua puede ser una elección insólita para las bodas *eco-chic*, que cada vez son más tendencia entre las parejas que velan por la sostenibilidad.

> un prado   una cueva   un parque   un lago
> un monasterio

RINCÓN CULTURAL

El Día de la Madre

Una de las fiestas favoritas de España es el Día de la Madre, una celebración moderna, invento del siglo XX. En España se celebra el primer domingo de mayo, y es en este día cuando todo el mundo rinde homenaje a las madres, que también pueden recibir un regalo o dos de sus hijos.

Mientras España celebra el Día de la Madre el primer domingo de mayo, muchos países hispanos lo celebran el segundo domingo de mayo, con algunas excepciones. México celebra este día el 10 de mayo, Paraguay el 15, Bolivia el 27 y Nicaragua el día 30. Panamá es el único país hispano que mantiene el Día de la Madre el 8 de diciembre, día de la Inmaculada Concepción.

En España no es raro que los niños pasen semanas en la escuela preparando un regalo especial o una carta para dársela a su mamá cuando se despierte, y si es especialmente afortunada, tal vez habrá una taza de café esperándola en la cocina.

8 Con tu compañero/a, prepara una presentación oral sobre el Día de la Madre o el Día del Padre en tu país.

2.5: Comidas y bebidas – dieta saludable

Objetivos

Vocabulario:

- Los diferentes tipos de comida
- Los alimentos y las bebidas
- La gastronomía de diferentes países
- La dieta saludable

Gramática:

- Verbos con sus preposiciones: llevarse bien con, parecerse a, molestar a

Competencias comunicativas:

- Hablar sobre los diferentes tipos de comida
- Preguntar e intercambiar información sobre alimentos y bebidas
- Opinar sobre la gastronomía de diferentes países
- Seguir una receta
- Hablar sobre la dieta saludable

1 En la siguiente foto puedes ver a una familia cocinando en casa. Enumera con tu compañero/a la comida que ves. Puedes utilizar el diccionario:

La dieta mediterránea – la más saludable

La dieta mediterránea es la más completa y sana del mundo porque se basa en el consumo de productos naturales y frescos. En el 2010 fue declarada Patrimonio Cultural e Inmaterial de la Humanidad por la UNESCO, ya que proporciona una dieta saludable e invita a la interacción social y a la conservación de actividades tradicionales como la agricultura y la pesca.

Las características principales de esta alimentación son un alto consumo de frutas, como por ejemplo manzanas, naranjas, uvas y peras, además de zumos de fruta naturales. También son importantes las verduras como la zanahoria, la coliflor o el pimiento rojo y verde.

Las ensaladas con lechuga, tomates y aceitunas, el gazpacho o la paella son platos típicos de la dieta mediterránea. Se combina el pescado, los huevos y la carne con moderación, utilizando el aceite de oliva en casi todos los platos y poca mantequilla. La pasta, el arroz y el pan, siempre beneficiosos para la salud si son integrales, son importantes para el consumo diario de cereales que necesitan las personas.

Los beneficios para la salud se pueden ver en la pirámide alimenticia, que puede ser utilizada para sensibilizar a los jóvenes de las bondades de la dieta mediterránea en la prevención de enfermedades cardiovasculares, la diabetes o la obesidad. Hemos de concienciar a los jóvenes para seguir una dieta parecida a la mediterránea.

Unidad 2: Vida personal y social

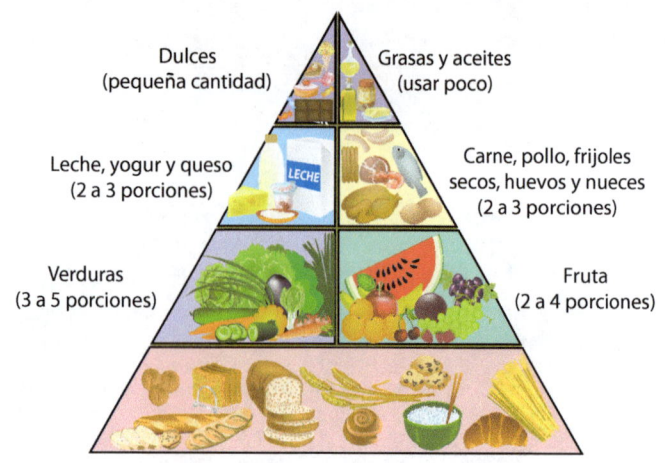

Dulces (pequeña cantidad)
Grasas y aceites (usar poco)
Leche, yogur y queso (2 a 3 porciones)
Carne, pollo, frijoles secos, huevos y nueces (2 a 3 porciones)
Verduras (3 a 5 porciones)
Fruta (2 a 4 porciones)
Pan, cereal, arroz y pasta (6 a 11 porciones)

2 Después de leer el texto sobre los beneficios de la dieta mediterránea, contesta a las siguientes preguntas.

1 ¿Por qué crees que la dieta mediterránea es la más completa y sana del mundo?
2 ¿Cuáles son las principales características de la dieta mediterránea?
3 ¿Qué enfermedades previene este tipo de dieta?
4 ¿Recomendarías la dieta mediterránea a tus amigos? ¿Por qué?

VOCABULARIO

Clasificación de los alimentos

Alimentos lácteos: leche, mantequilla, queso

Alimentos cárnicos y afines: carne, huevos, pescado, sepia, gambas

Alimentos farináceos: pasta, arroz, pan, cereales, fideos, espaguetis, harina

Alimentos vegetales: fresas, frambuesas, manzanas, naranjas, uvas, peras, zanahoria, coliflor, pimiento, lechuga, tomates, aceitunas, judías, setas, tomates, patatas, soja, tofu, sandía, albaricoque, berenjena, ciruela, col

3 La gastronomía en diferentes países.

Marta

La comida mexicana es más picante que la comida española. Tenemos tortilla, pero es diferente de la tortilla que se come en España. Nuestra tortilla lleva relleno de pollo, lechuga y queso ¡y es muy sabrosa! También me gusta la comida de España.

Huifen

La comida china es mejor que la comida francesa. Los platos son con verduras frescas, arroz, fideos y setas. Es muy saludable y no es nada sosa. Me encanta.

José

La cocina italiana es mi preferida y es mejor que la comida española. Los espaguetis, la pizza y los helados son excelentes. Las raciones son siempre grandes y las salsas son buenísimas.

Víctor

La cocina francesa es fenomenal. Es menos sosa que la comida china y cocinan con mantequilla, tomates, queso y hortalizas. Es riquísima.

Carla

La comida española es deliciosa. Me gusta mucho comer chorizo, jamón y huevos y es tan buena como la comida francesa.

Decide si las siguientes frases son verdaderas o falsas. Justifica tu respuesta en tu cuaderno si son falsas.

1. Para Marta la cocina mexicana es sosa.
2. Huifen cree que la comida china es mejor que la comida francesa.
3. José piensa que las raciones en los platos de la comida italiana son pequeñas.
4. A Víctor le gusta mucho la comida francesa. Cree que es muy sabrosa.
5. A Marta y a Carla no les gusta nada la comida española.

RINCÓN CULTURAL

Las regiones culinarias de España

¿Sabes que en España hay muchas regiones culinarias? En el norte se come sobre todo mucho bacalao y marisco, como en Galicia o en el País Vasco, mientras que en el sur el gazpacho está muy presente debido a las altas temperaturas del verano. En Cataluña son famosos los embutidos de Vic y los guisos en invierno y en el centro de la península son conocidos los quesos como el Manchego. El vino es muy importante en España, especialmente en la zona de la Rioja. España es el primer país exportador de vino del mundo, y también es muy importante el cava, una especie de vino espumoso de la comarca catalana del Penedés en la provincia de Barcelona y Tarragona.

4 Con tu compañero, compara los distintos tipos de comida internacional que conoces y da tu opinión.

Ejemplo:

Me gusta más la comida china que la italiana porque es más sabrosa.

5 **Pista 15** Vas a escuchar la opinión de cinco jóvenes sobre distintos tipos de comida. Escoge la foto para cada uno de los mensajes.

A

B

Unidad 2: Vida personal y social

C

D

E

Opiniones positivas	Opiniones negativas
me encanta	no me gusta
me gusta mucho	no me gusta nada
me gusta	no soporto
me gusta bastante	odio/detesto

6a Habla con tu compañero/a sobre los tipos de comida que te gustan y los que no te gustan. Utiliza el recuadro gramatical anterior y los adjetivos. Justifica tu respuesta.

Ejemplo:

Me encantan las salchichas porque son deliciosas.

| soso | sabroso | delicioso | fantástico | fenomenal | rico |

6b Con tu compañero/a, contesta a las siguientes preguntas.

¿Qué comes normalmente?

¿Con qué frecuencia tomas fruta y verduras?

¿Qué tipo de fruta y verduras te gustan y por qué?

¿En tu opinión, crees que comes sano?

¿Cuál es tu comida preferida?

Verbos con sus preposiciones

Algunos verbos en español van con preposiciones concretas. Veamos algunos ejemplos:

Llevarse bien con

Ejemplo:

Me llevo bien con mi hermano. Nos gusta comer sano y hacer deporte todos los días.

Parecerse a

Ejemplo:

Mi padre se parece mucho a mi abuelo. Están todo el día cocinando juntos. Es su afición favorita.

Molestar a

Ejemplo:

Ana siempre está molestando a Inés. ¡Mira como le ha cogido las patatas fritas del plato!

RINCÓN CULTURAL

¿Quieres preparar una tortilla española en casa? ¡Adelante!

La receta de la tortilla española en cinco pasos

¿Qué necesitas?

4 huevos

Medio kilo de patatas

Una cebolla

Sal

Aceite

¿Cómo la preparas?

1. Con un cuchillo, **pela** la cebolla y las patatas.
2. **Pica** la cebolla y **corta** en trozos pequeños las patatas.
3. **Pon** sal en las patatas y **fríe** la cebolla y las patatas en aceite hirviendo. Retíralo de la sartén.
4. **Bate** los huevos y **añade** los huevos a la sartén junto con la cebolla y las patatas.
5. **Da la vuelta** a la tortilla y listo.

7 Lee la siguiente entrevista con Marta Abelló, dietista del Hospital General Universitario de Albacete. Con tu compañero/a busca el significado de las frases que están **en negrita**.

Una dieta equilibrada

Entrevistador: Buenos días señora Abelló. **Vamos directo al grano**. ¿Es la comida rápida tan mala como dicen?

Marta Abelló: No lo es si se consume ocasionalmente. Una dieta equilibrada **es clave** para una vida sana.

E: ¿Qué es para usted una dieta equilibrada?

M.A: Hay que consumir productos naturales y frescos. Más verdura, más fruta, alimentos ricos en proteínas, carbohidratos, vitaminas y minerales y hay que evitar la comida grasa o los alimentos procesados con aditivos y conservantes y el exceso de azúcar. Beber mucha agua también es importante. Hay que tomar, al menos, un litro de agua al día.

E: ¿Y toda esta alimentación se tiene que acompañar también con ejercicio físico?

M.A: Sí, sin duda. El ejercicio físico, como el deporte moderado, es importantísimo. Hemos de **mantener el peso y el colesterol a raya**. No se trata de seguir la moda y adelgazar **a toda costa**. Hemos de mantener una vida saludable sin sobrepeso, comiendo despacio y manteniendo el orden de las comidas.

E: ¿Qué quiere decir con mantener el orden de las comidas?

M.A: Fácil. Hemos de desayunar, almorzar y cenar a la hora que toca y sin saltarnos ninguna comida. Desayunar fuerte es muy importante y la cena tendría que ser frugal.

8 Habla con tu compañero sobre los hábitos de vida saludables. Copia y completa en tu cuaderno la siguiente tabla.

Para llevar una vida saludable,	
hay que …	hay que evitar …

Unidad 2: Vida personal y social

2.6: El restaurante

Objetivos

Vocabulario:

- Alimentos y bebidas en un restaurante
- Hábitos alimenticios
- Tipos de locales de comida y bebida
- Buenos modales

Gramática:

- Los pronombres disyuntivos
- Los pronombres posesivos
- Los pronombres de objeto directo y objeto indirecto

Competencias comunicativas:

- Hablar sobre los diferentes tipos de alimentos y bebidas en un restaurante
- Dar información sobre los hábitos alimenticios de una persona
- Describir diferentes tipos de locales de comida y bebida
- Utilizar activamente expresiones relacionadas con los buenos modales

Tengo hambre

Tengo sed

2 En el siguiente ejercicio vas a leer un texto sobre los hábitos alimenticios de Pablo, estudiante de la Universidad de Salamanca.

1 ¿Tienes hambre o solo tienes sed? Decide qué vas a tomar y coloca en una de las dos listas las palabras del recuadro en tu cuaderno.

bocadillo de calamares, gaseosa, sándwich de pavo, milanesa napolitana, agua con gas, horchata, hamburguesa con cebolla, refresco, pastel de zanahoria, zumo natural de limón

Para desayunar me encanta comer chocolate con churros y café con leche sin azúcar. También tomo zumo de naranja y a veces tostadas con mantequilla.

Para comer me gusta mucho el pescado, sobre todo las sardinas y el atún, aunque a veces también como carne. También como sopa y ensalada. Y para postre suelo comer helado.

Para merendar me gustan los pasteles de todo tipo y las galletas. También tomo algún refresco.

Para cenar me hago un bocadillo de jamón serrano o queso. Cuando tengo más hambre me gusta cocinar alguna cosa como espaguetis con salsa de tomate, pechuga de pollo o champiñones salteados.

¿Y tú, qué tomas?

| Para desayunar | Para merendar |
| Para comer | Para cenar |

3 Diseña tu propio menú. Te han mandado diseñar el menú en español para el día internacional de las lenguas europeas con la comida y bebidas de la caja de vocabulario. Debes incluir primeros platos, segundos platos, postres, bebidas y una lista de precios.

asado de cordero, gazpacho, fresas con nata, judías, chuleta de ternera con patatas fritas, salmón, zumo de naranja, salchichas con aros de cebolla, fruta del tiempo, ensalada catalana, merluza, bistec de ternera, helado de frambuesa, ensaladilla rusa, sopa de ajo, vino

4a Elige tus tres terrazas preferidas del texto 'Terrazas de Madrid, ciudad ideal en septiembre'. Copia y rellena la ficha que te presentamos en tu cuaderno con la información de las tres terrazas que has elegido.

4b ¿Y a vosotros, ¿Qué terraza os gusta más y por qué? Con tu compañero/a escoge la terraza que más te gusta y justifica tu respuesta.

VOCABULARIO

Tipos de locales de comida y bebidas
restaurante de comida rápida
restaurante español, japonés, indio, chino, mexicano
restaurante vegetariano
restaurante con buffet libre
cafetería
crepería
pizzería
churrasquería
marisquería
bistrot

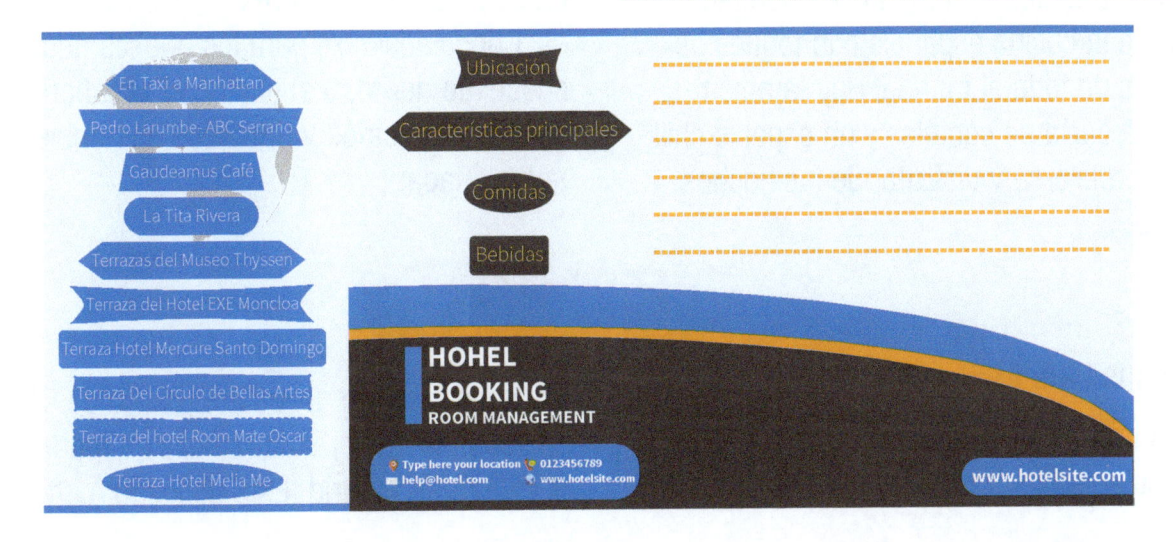

Unidad 2: Vida personal y social

TERRAZAS DE MADRID, CIUDAD IDEAL EN SEPTIEMBRE

Cuando la tarde cae Madrid se llena de vida. Al fin la gente ha regresado de sus vacaciones de verano y el calor es más soportable en septiembre. Aquí os dejamos con las diez mejores terrazas donde podréis disfrutar de las mejores vistas de la ciudad:

PUESTO 10
En Taxi a Manhattan

Esta terraza cuenta con varios rincones singulares. Uno de ellos es el ático situado en una de las zonas más exclusivas de Madrid en la calle de la Basílica, todo ello desde las alturas y con vistas privilegiadas. El menú incluye platos deliciosos como el queso de cabra con tomate, ensalada cesar "Taxi" o el sándwich cubano con jamón serrano. Los cócteles son excelentes.

- En Taxi a Manhattan
- Pedro Larumbe ABC Serrano
- Gaudeamus Café
- La Tita Rivera
- Terrazas del Museo Thyssen
- Terraza del Hotel EXE Moncloa
- Terraza Hotel Mercure Santo Domingo
- Terraza Del Círculo de Bellas Artes
- Terraza del hotel Room Mate Oscar
- Terraza Hotel Meliá Me

PUESTO 9
Pedro Larumbe – ABC Serrano

La terraza de Pedro Larumbe, ubicada en la azotea del centro comercial ABC Serrano, ofrece de primavera a otoño un menú que combina lo mejor de la cocina española con toques de las cocinas de todo el mundo. Hay también una amplia carta de cócteles y un espacio chill out donde relajarse y disfrutar de las noches de verano.

PUESTO 8
Gaudeamus Café

Entre los tejados de Lavapiés destaca la espectacular azotea con vistas impresionantes de las Escuelas Pías, en la calle Tribulete. Las noches de verano son todo un clásico en este café con postres riquísimos como el "Chocolatísimo", para los que les gusta el chocolate negro, o el pastel de zanahoria. La oferta de cafés y refrescos es también muy variada.

PUESTO 7
La Tita Rivera

En pleno corazón del castizo barrio de Chueca, se esconde un verdadero oasis en medio de la ciudad de Madrid. Este acogedor café es un local amplio, decorado al estilo neoyorquino, en el que se puede combinar una hamburguesa con tapas españolas y un vaso de cerveza.

PUESTO 6
Terrazas del Museo Thyssen

El Mirador del Thyssen ubicado en el ático del edificio de la calle Zorrilla, abre sus puertas de mediados de junio a mediados de septiembre. Es un lugar tranquilo donde poder comer algo con amigos después de ver alguna de las impresionantes colecciones de arte. La cocina es principalmente mediterránea con vinos tintos y blancos.

PUESTO 5
Terraza del Hotel EXE Moncloa

El Hotel EXE Moncloa tiene un ático impresionante con hermosas vistas al lado de la piscina, desde donde se pueden ver las puestas de sol de la ciudad de Madrid y la Sierra de Guadarrama. Los clientes suelen tomar una copa de cava o vino y degustar algunos platos fríos como quesos, ceviche peruano o guacamole. La dirección exacta de este hotel es calle Arcipestre de Hita, 10.

PUESTO 4
Terraza Hotel Mercure Santo Domingo

En pleno centro de la ciudad se encuentra este moderno hotel de 4 estrellas con una amplia terraza con piscina y lounge bar que se cubre por la noche con una fina capa de cristal. La cocina que ofrece es de vanguardia de raíces tradicionales y hay un menú degustación muy completo con vinos y cócteles de primera calidad.

PUESTO 3
Terraza Del Círculo de Bellas Artes

Este ático al aire libre es un lugar clave para pasar las noches del verano madrileño. Se encuentra situado en plena calle Alcalá, muy cercano a la parada de metro de Sevilla, y normalmente se ha de pagar entrada para subir, aunque con el carné joven es más barato. Hay una gran variedad de licores, zumos y refrescos.

PUESTO 2
Terraza del hotel Room Mate Óscar

La cadena española de hoteles Room Mate creó hace ya unos años un espacio perfecto para relajarse. Ubicado en la Plaza de Pedro Zerolo, su terraza con piscina es de las más bonitas de Madrid. Las fiestas, la música y la gente le da un estilo perfecto a este espacio impresionante. Los clientes pueden tomar algo para picar y hay una gran variedad de licores.

PUESTO 1
Terraza Hotel Meliá Me

La mejor terraza de Madrid es, sin duda, la del Hotel Meliá Me en la Plaza de Santa Ana, con vistas impresionantes al Palacio Real. Se ofrece un menú delicioso con carnes y pescados y todo tipo de vinos. A veces se pueden ver a actores o cantantes famosos que se reúnen para celebrar fiestas privadas.

Unidad 2: Vida personal y social

5 🔊 **Pista 16** Vas a escuchar el siguiente diálogo entre dos jóvenes que buscan un restaurante antes de asistir a una obra de teatro. Coloca una cruz en los restaurantes de las fotos que se mencionan.

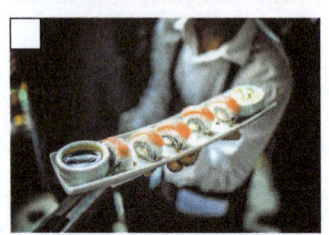

> **LOS PRONOMBRES DISYUNTIVOS**
>
> Los pronombres disyuntivos en español se usan siempre después de una preposición.
>
> | | Singular | Plural |
> |---|---|---|
> | Primera persona | mí | nosotros/as |
> | Segunda persona | ti/usted | vosotros/as |
> | Tercera persona | él/ella | ellos/ellas |
>
> *Ejemplo:*
> *La ensalada es para mí y los macarrones para ella.*

6 💬 Vas a crear una serie de diálogos con tu compañero/a en un restaurante. Cambia las palabras subrayadas por las palabras de la actividad 3.

Camarero: Hola, buenos días. ¿Qué van a pedir del menú?

Cliente: Para empezar pónganos unas tapas de patatas bravas y unas aceitunas como aperitivo.

Camarero: Muy bien. ¿Y para beber? Hay vino de la casa, cerveza artesana …

Cliente: Prefiero agua mineral y gaseosa, por favor.

Camarero: ¿Y de primero, qué van a tomar?

Cliente: Para mí paella y para mi hijo unos espaguetis a la carbonara.

Camarero: Perfecto. ¿Y de segundo?

Cliente: Un filete de cerdo con judías verdes y para él la merluza con ensalada.

Camarero: Perfecto.

....

Camarero: ¿Les ha gustado la comida?

Cliente: Sí, nos ha encantado.

Camarero: ¿Y de postre, qué van a pedir?

Cliente: Para él helado de vainilla y para mí un yogur natural.

Camarero: ¿Quiere también café?

Cliente: Sí, un cortado para mí. Y tráiganos la cuenta por favor.

RINCÓN CULTURAL

Las tapas en España

Una **tapa** es una porción pequeña de comida que se sirve gratis en muchas partes de España, en bares y restaurantes, cuando el cliente pide una bebida. En España es bastante normal salir a comer o cenar a base de tapeo para ir picando mientras se sale con amigos o familiares. Ir de tapeo o tapear se utiliza en el idioma español de forma habitual. La gente va de tapeo a diferentes bares o restaurantes para probar nuevas tapas. Los tipos de tapas suelen ser muy variados e incluyen patatas bravas, queso, jamón serrano, pinchos morunos, calamares, croquetas o tortilla española entre muchos otros platos.

CONSEJO

Buenos modales

Ser educado, tener buena educación y buenos modales, o ser cortés siempre se agradece en el mundo hispano. Hay varias expresiones que puedes utilizar en diversas situaciones, como por ejemplo:

Muchas gracias.

Muy amable.

Se lo agradezco mucho.

Perdón, ¿me lo puede repetir?

Por favor.

Con permiso.

Disculpe.

Buen provecho.

Utilízalas en tus conversaciones. ¡Ya verás como te serán muy útiles!

PRONOMBRES POSESIVOS EN ESPAÑOL

Masculino singular	Femenino singular	Masculino plural	Femenino plural
el mío	la mía	los míos	las mías
el tuyo	la tuya	los tuyos	las tuyas
el suyo	la suya	los suyos	las suyas
el nuestro	la nuestra	los nuestros	las nuestras
el vuestro	la vuestra	los vuestros	las vuestras
el suyo (formal)	la suya (formal)	los suyos (formal)	las suyas (formal)

Ejemplos de pronombres posesivos

El bocadillo de atún de la bolsa es el tuyo.

Hay dos botellas de agua. La de la derecha es la tuya.

De estos dos platos del menú, el tuyo es el vegetariano.

PRONOMBRES DEMOSTRATIVOS EN ESPAÑOL

Masculino singular	Femenino singular	Neutro	Masculino plural	Femenino plural
este	esta	esto	estos	estas
ese	esa	eso	esos	esas
aquel	aquella	aquello	aquellos	aquellas

Ejemplos de pronombres demostrativos

Si no encuentras alojamiento en ese pueblo ven a **este**.

Me gusta tu ciudad pero prefiero **esta**.

¿Qué es **aquello** que veo en la piscina?

PRONOMBRES DE OBJETO DIRECTO Y OBJETO INDIRECTO

Pronombres personales	Objeto directo	Objeto indirecto
yo	me	me
tú	te	te
usted	lo/la	le
él	lo	le
ella	la	le
nosotros/as	nos	nos
vosotros/as	os	os
ustedes	los/las	les
ellos	los	les
ellas	las	les

Ejemplos de pronombres de objeto directo y de objeto indirecto

De objeto directo

¿Dónde estabas? No **te** vi en la boda.

Mi hermano nos acompaña al restaurante en coche.

¿Has hecho la cena?

No, voy a hacer**la** ahora mismo.

De objeto indirecto

¿**Le** diste el regalo a tu madre?

Mañana **les** enviaré el documento por correo electrónico.

No soporto las mentiras, ¡no **me** las digas!

PROBLEMAS EN EL RESTAURANTE

¿Qué problemas te puedes encontrar en un restaurante? Frases útiles que puedes utilizar en varias situaciones:

¡Por favor, camarero! Me hace falta un cuchillo y una cuchara para la sopa.

Señorita, por favor. La leche está fría.

El plato está sucio. ¿Me lo puede cambiar?

El tenedor es muy pequeño. ¿No tiene uno más grande?

El vaso está sucio. ¿Me trae otro por favor?

Unidad 2: Vida personal y social

Repasa

1 Escribe un correo electrónico a tu amigo/amiga por correspondencia.

Menciona:

1 Cómo se llama tu mejor amigo y cómo es.

2 Cuáles son tus aficiones favoritas.

3 Cuándo sueles ir de compras y qué sueles comprar.

4 Tu comida y bebida preferida.

130–140 palabras

2 Responde a las siguientes preguntas del texto sobre el árbol de los amigos.

EL ÁRBOL DE LOS AMIGOS

Existen personas en nuestra vida que nos hacen felices, por el simple hecho de que se cruzan en nuestro camino. Son como hojas de árboles. Son nuestros amigos.

Las primeras hojas son el amigo madre y el amigo padre y nos muestran lo que son los primeros pasos de nuestra vida. Después, viene el amigo hermano, con quien dividimos nuestro espacio. Luego, pasamos a conocer toda la familia de hojas, la cual respetamos con profundidad, como nuestros tíos, primos o abuelos.

Pero el destino nos trae otros amigos, muchos de los cuales llamamos amigos del alma. Son honestos, sinceros y encantadores y saben lo que nos hace felices.

También hay aquellos amigos que lo son por un tiempo. Los conocemos durante unas vacaciones, un día o unas horas. Esos suelen colocar muchas sonrisas en nuestra cara, durante el tiempo que están cerca. Pero hablando de la amistad, no podemos olvidarnos de los amigos distantes, divertidos y agradables en el recuerdo, aquellos que se han quedado lejos y que siempre estarán en nuestro corazón.

Amigos que nacen, en verano o en invierno, y que llenan nuestra vida de momentos maravillosos. Nos llevamos bien con ellos y por eso los mantenemos en las hojas del árbol de los amigos.

Contesta a las preguntas.

1 ¿Cuáles son los familiares que menciona el texto? Enuméralos.

2 ¿Cómo describe el escritor a los amigos del alma?

3 ¿Según el autor del texto, qué significa amigos por un tiempo?

4 ¿Cómo son los amigos distantes, según el artículo?

5 ¿Cómo llenan nuestra vida nuestros amigos?

VOCABULARIO

Usa las listas de vocabulario al final del libro para repasar cada tema

Unidad 3: Mis vacaciones y viajes

Introducción

Las vacaciones son uno de los momentos del año que todos esperamos con más entusiasmo. Mucha gente aprovecha el verano y otras vacaciones para hacer viajes, descubrir otras culturas o simplemente descansar. En vacaciones se pueden hacer muchas actividades diferentes dependiendo del destino, del tiempo y de lo que nos guste hacer. Un viaje puede ser muy divertido y relajante pero también puede haber problemas inesperados. ¿A ti te gusta estar de vacaciones?

3.1: ¿Qué vacaciones prefieres?

Objetivos

Vocabulario:
- Razones para ir de vacaciones
- Tipos de vacaciones

Estrategias:
- Expresar opiniones
- Justificar tus opiniones

Competencias comunicativas:
- Expresar opiniones
- Comparar tipos de vacaciones
- Justificar tus opiniones

Gramática:
- Repaso del futuro próximo

1 Habla con tu compañero/a y escribe una lista de tipos de vacaciones.

2 Copia en tu cuaderno la siguiente lista de razones para ir de vacaciones. Ponlas en orden según tu opinión.

descansar	hacer turismo
conocer sitios nuevos	culturizarse
hacer deporte	desconectar de la rutina
pasar tiempo con los amigos	recargar las pilas
	vivir una aventura
pasar tiempo con la familia	broncearse

3 Pista 17 Escucha a Juan y a María hablando de sus vacaciones. Copia la tabla en tu cuaderno y rellénala con las actividades que hacen en vacaciones y las razones.

	Actividades	Razones
Juan		
María		

Cambridge IGCSE Spanish as a Foreign Language

CONSEJO

Opiniones

Cuando des opiniones intenta utilizar adverbios:

Me gusta **un poco**…

Me gusta **bastante**…

Me gusta **muchísimo**…

Apenas me gusta…

También puedes utilizar *comparativos* y *superlativos*:

Me gusta **más**… **que**…

Me gusta **menos**… **que**…

Me gusta **tanto**… **como**…

Lo que más me gusta es…

Lo que menos me gusta es…

4 Lee el siguiente texto.

¿Playa o montaña?

Mucha gente piensa que ir a la playa es la mejor forma de relajarse y descansar, pero no todo el mundo está de acuerdo. No cabe duda de que tomar el sol, nadar o leer un buen libro a la orilla del mar es una buena forma de desconectar de la rutina diaria, pero ir a la montaña también tiene sus ventajas:

- Hacer actividades físicas al aire libre como esquiar, hacer senderismo o practicar la escalada te ayuda a liberar estrés.
- El aire puro de las montañas regenera tu organismo y mejora tu salud.
- Estar en contacto con la naturaleza te ayuda a relajarte.
- Las vacaciones activas son la mejor forma de relacionarte con tus amigos y tu familia.

Después de leer el texto di si las siguientes afirmaciones son verdaderas o falsas. Corrige las afirmaciones falsas.

1. Todo el mundo cree que las vacaciones de playa son más relajantes que las de montaña.
2. Algunas formas de cultura contribuyen al descanso.
3. El esquí es un deporte de riesgo y mucha gente se pone nerviosa esquiando.
4. El aire frío de las montañas puede ser perjudicial para la salud.
5. Las vacaciones deportivas se suelen practicar de forma individual.

5 En tu cuaderno, escribe una carta a un(a) amigo/a. Incluye:

- Qué tipo de vacaciones te gustan más y por qué
- Qué tipo de vacaciones te gustan menos y por qué
- Qué tipo de vacaciones le gustan a tu familia y por qué

Intenta utilizar algunas expresiones del vocabulario.

VOCABULARIO

Da opiniones:	Justifica tu opinión:
me gusta	porque
me encanta	ya que
me chifla	puesto que
me apasiona	
prefiero	

CONSEJO

Intenta utilizar los adverbios que aprendiste antes con tus opiniones.

Unidad 3: Mis vacaciones y viajes

6 Lee el siguiente texto y contesta a las preguntas. Trabaja con tu compañero/a.

Vacaciones solidarias

Viajar y conocer el mundo es la mejor forma de abrir la mente. Tener nuevas experiencias, conocer otras culturas y aprender de ellas, compartir el día a día de otras gentes y escuchar sus historias de vida y su lucha por un futuro mejor para ellas y sus familias... Ese es el objetivo del programa de Vacaciones Solidarias.

Tenemos para ti cuatro destinos donde podrás saciar tus inquietudes medioambientales, turísticas, culturales, artísticas, sociales... para que conozcas de primera mano que sí hay alternativas y llevan tiempo construyéndose en muchos lugares del mundo. Esta es tu oportunidad de conocerlas *in situ* y de participar en ellas:

En **Bolivia** puedes apoyar actividades como: formación a jóvenes y mujeres, actividades de comunicación como apoyo a la emisión de los programas de radio comunitaria, o cuidado de niños en la guardería.

En **Ecuador** puedes apoyar a las comunidades indígenas en trabajos comunitarios de mejora de infraestructuras o mediante actividades de cuidado de niños y niñas. Asimismo los voluntarios y voluntarias realizarán un pequeño *tour* similar a los que se ofrecen a los turistas, para que puedan evaluar la calidad de los servicios ofrecidos por las comunidades, y realizar propuestas de mejora de los mismos.

En **Haití** apoyarás la estrategia de comunicación, actividades de reforestación, apoyo técnico a una lechería y la central de compras o preparar y desarrollar cursos de verano para jóvenes y adolescentes sobre artes u oficios.

En **Nicaragua** participarás en actividades de formación a través de talleres para niñas y mujeres, actividades socioeducativas vinculadas al arte y deportes, fortalecimiento de los cursos del Centro de Formación Laboral para mujeres adultas y formación de docentes.

Todos los viajes se realizan en agosto en grupos pequeños. Los precios son a partir de 710€ (el viaje a Nicaragua), e **incluyen todos los gastos de alojamiento, manutención, gestión, desplazamientos internos en el país y seguro de asistencia durante las tres semanas de estancia. Los billetes de avión deben ser adquiridos por cada participante,** en la aerolínea y trayecto que prefiera, pero en fechas que coincidan con las del proyecto.

Preguntas:

1 ¿Cuál es el beneficio de viajar?
2 ¿Cuáles son los objetivos de Vacaciones Solidarias?
3 ¿En qué país(es) puedes cuidar a niños?
4 ¿En qué país puedes colaborar con actividades deportivas?
5 ¿En el precio del proyecto se incluye el transporte?
6 ¿Se puede hacer el proyecto en cualquier fecha?

IR A + INFINITIVO

Recuerda que una forma de hablar del futuro en español es utilzando **ir a + infinitivo**:

Ejemplos:

Las próximas vacaciones voy a ir a la playa.
En Semana Santa vamos a esquiar en las montañas.

voy				
vas				
va	+	a	+	INFINITIVO
vamos				
vais				
van				

7 Copia en tu cuaderno las siguientes oraciones. Complétalas con la estructura gramatical que acabas de aprender (presente de "ir a" + infinitivo). Utiliza los verbos del cuadro.

| recargar | hacer | nadar | ir | broncearse |
| quedarse | ver | esquiar | leer | |

a El año que viene mis padres y yo no .... de vacaciones .... en casa.

b En la playa .... y .... en el mar.

c En casa yo .... la tele pero seguro que mi hermana .... un libro.

d ¿Qué .... este verano? Creo que nosotros .... en las montañas.

e Mis padres .... las pilas en la playa. Este año fue muy duro para ellos.

Cambridge IGCSE Spanish as a Foreign Language

3.2: Tu opinión sobre los medios de transporte

Objetivos

Vocabulario:

- Medios de transporte
- Adjetivos para describir medios de transporte
- Distintas formas de expresar opiniones y justificarlas

Competencias comunicativas:

- Expresar opiniones sobre los medios de transporte
- Reflexionar sobre qué medio de transporte es el más idóneo

1 Trabaja con tu compañero/a y escribe una lista de medios de transporte. Intenta incluir algunos originales.

Unidad 3: Mis vacaciones y viajes

> **CONSEJO**
>
> **Recuerda**
>
> Recuerda que para hablar de medios de transporte normalmente utilizamos la preposición **en**:
>
> Mi padre me lleva en coche
>
> Viajo en tren
>
> Voy en bici
>
> **Excepciones:** a pie, a caballo

2 Escribe P o N al lado de cada palabra dependiendo de si es positiva o negativa.

cómodo/a	rápido/a
útil	lento/a
barato/a	divertido/a
caro/a	aburrido/a
incómodo/a	emocionante
ecológico/a	relajante
contaminante	estresante
atrasado/a	tedioso/a

3 Basándote en la lista de transportes del ejercicio 1, habla con tu compañero/a y decide:

¿Cuál es el (medio de transporte) más ecológico?

¿Cuál es el menos ecológico?

¿Cuál es el más barato?

¿Cuál es el más caro?

¿Cuál es el más cómodo?

¿Cuál es el más incómodo?

¿Cuál es el más saludable?

¿Cuál es el menos saludable?

¿Cuál es el más práctico?

¿Cuál es el menos práctico?

4 Lee las opiniones de varios jóvenes y contesta a las preguntas:

Susana

Antes iba en bus a todas partes pero ahora hay muchos atascos en el centro, así que casi siempre voy a pie. Me lleva casi el mismo tiempo y hago ejercicio, así que no me importa.

Jacobo

Como el colegio me queda al lado de casa siempre voy en bici. Si hace mal tiempo y llueve no me gusta mucho porque me mojo, pero el resto del tiempo no me importa porque puedo ir con mis amigos y es divertido.

María

Cuando vamos de vacaciones siempre vamos en barco, ni a mi madre ni a mí nos gusta volar. Está bien pero lo malo es que si hace viento el barco se mueve y me mareo.

Celia

A veces en vacaciones vamos a nuestro apartamento de la playa. No merece la pena llevar el coche porque es difícil aparcar, así que solemos ir en autobús. El viaje es un poco pesado pero puedo aprovechar para dormir.

Pablo

Algunos de mis amigos tienen moto pero mis padres no me dejan porque dicen que es peligroso. En realidad no me hace falta porque en mi ciudad los autobuses urbanos son rápidos y prácticos.

Felipe

De vacaciones siempre vamos en avión pero luego allí alquilamos un coche porque podemos parar cuando queremos para ver los monumentos. Los coches de alquiler ahora son baratos y se pueden recoger y dejar en el aeropuerto, es de lo más práctico.

Preguntas:

1 ¿Quién utiliza los autobuses en vacaciones?

2 ¿Quién utiliza los autobuses en su ciudad?

3 ¿Quién ha dejado de utilizar los autobuses?

4 ¿Cuándo no le gusta a Jacobo ir en bicicleta?

5 ¿A quién no le gustan los aviones?

6 ¿A quién le gusta caminar?

7 ¿Quién tiene una opinión positiva de los coches?

8 ¿Quién tiene una opinión positiva de los autobuses?

5 Habla con tu compañero/a sobre cuál es el transporte ideal según las diferentes situaciones. Utiliza los adjetivos del ejercicio 2 y las expresiones que tienes a continuación para justificar tus opiniones. Después de hablar, escribe cinco oraciones en tu cuaderno.

- Me parece que
- Creo que
- Pienso que
- En mi opinión
- Opino que
- Diría que

- Para ir de vacaciones al extranjero
- Para ir al colegio por las mañanas
- Para ir al centro de compras
- Para pasar un fin de semana en el campo
- Cuando no tienes dinero
- Cuando tienes prisa
- Cuando hace mal tiempo
- Cuando hace mucho calor

- Lo mejor es ir
- Lo mejor es utilizar el/la
- El transporte ideal es

- porque
- ya que
- puesto que

- los asientos son grandes
- cuesta poco dinero
- cuesta mucho dinero
- es fácil de utilizar
- los asientos son muy pequeños
- no contamina el medio ambiente
- tarda poco tiempo
- tarda mucho tiempo
- puedo enchufar el ordenador y ver películas
- no hay nada que hacer
- puedo dormir la siesta
- hay siempre mucha gente y está muy concurrido
- siempre es lo mismo
- hace mucho ruido
- no hace ruido
- siempre hay muchas cosas que hacer
- no hay basura
- hay mucha basura
- emite muchos gases
- es gratis

6 Pista 18 Vas a oír a unos jóvenes hablando de varios medios de transporte. Escucha lo que dicen y completa la tabla en tu cuaderno:

	Medio de transporte	Para qué lo usan	Opinión
Marta			
Juan			
Cecilia			
Roberto			
Sandra			

RINCÓN CULTURAL

El AVE

El AVE es un servicio de trenes español que opera a velocidades de hasta 310 km/h. El nombre se corresponde con las iniciales Alta Velocidad Española, pero además es un juego de palabras por el significado de "ave". Con sus más de 3.000 kilómetros es la red más grande de Europa y la segunda más grande del mundo. La primera línea se inauguró en 1992, entre Madrid y Sevilla, con motivo de los Juegos Olímpicos y la Exposición Universal de ese año. Cada año se amplía la red para dar servicio a todas las zonas de España y mejorar las conexiones con Europa.

Unidad 3: Mis vacaciones y viajes

7 Lee el siguiente texto y contesta a las preguntas que tienes a continuación.

EL AVIÓN NO ES SIEMPRE EL MEJOR MEDIO DE TRANSPORTE

El avión es el medio de transporte más popular a la hora de realizar un viaje. En travesías intercontinentales es normal por la distancia pero, ¿qué pasa en distancias más cortas, sobre todo, dentro de un mismo continente? **Mucha gente sigue recurriendo al avión,** especialmente gracias a las compañías de bajo coste que han posibilitado que volar sea accesible a todos los bolsillos. Entre sus inconvenientes se encuentra:

1. **La limitación de equipaje.**
2. **Llegar con antelación** al aeropuerto, con dos horas como mínimo, para poder facturar la maleta y después pasar por el control de seguridad.
3. **La contaminación del medio ambiente.**
4. **Los aeropuertos se encuentran siempre alejados del centro de la ciudad.** Las compañías de bajo coste acostumbran a volar desde y hasta aeropuertos secundarios, lo cual tiene un impacto negativo en el tiempo y el dinero.

Ventajas de los trenes y los autobuses

La alta velocidad en los trenes los ha convertido en uno de los **grandes competidores de los aviones,** llegando a desbancarlos en algunos casos, como el AVE entre Madrid y Barcelona.

Actualmente, **las principales compañías de autobuses** han reducido los tiempos de trayecto, siempre dentro de los límites de la legalidad, y han **incorporado vehículos de gama alta a su flota** con cómodos asientos, servicio de bar con comida y bebida y conexión a internet.

Usar estos medios de transporte a la hora de realizar un viaje presenta siempre **muchas ventajas:**

- **Las estaciones están bien situadas.** Se encuentran normalmente en el centro de la ciudad.
- **Menos contaminación.** En el caso del tren, es el transporte más ecológico al ser eléctrico. En el caso del autobús, contamina menos que ir en coche privado.
- **Llegar con menos antelación.** Con estar 15 minutos antes de la salida es suficiente, y no es necesario ni *check-in* ni pasar por control de seguridad.
- **No hay límite de equipaje.**
- **Wifi.** Puedes estar conectado a bordo, con el móvil o cualquier aparato electrónico. Además, actualmente la mayoría de compañías disponen de Wifi, lo que te permite trabajar mientras viajas.
- **La puntualidad.** Los servicios acostumbran a ser muy puntuales, además de que la frecuencia de paso entre ciudades medianas o grandes es muy alta.
- **Comer y beber.** Puedes subir toda la comida y bebida que quieras, además también tienen servicio de bar.
- **Cubren destinos más pequeños,** como pueblos o ciudades que no disponen de aeropuerto.
- **Viajes cortos.** Son el transporte ideal para los viajes dentro de un mismo país.
- **Te permite disfrutar del paisaje.**

Aunque hoy en día la mayoría de **los buscadores de viajes** solo comparan vuelos, cada vez hay más empresas que apuestan por incorporar otros medios de transporte en sus sistemas y cubrir así un hueco muy importante en la industria de los viajes.

a Contesta a las siguientes preguntas:

1. ¿Por qué se utiliza el avión para viajes al extranjero?
2. ¿Cómo han beneficiado las compañías de bajo coste?
3. ¿Qué problema tiene la localización de algunos aeropuertos?
4. ¿Volar es ecológico?
5. ¿Se pueden llevar todas las maletas que quieras?

b Di si las siguientes afirmaciones son verdaderas (V) o falsas (F) y justifica tus respuestas en tu cuaderno:

1. El medio de transporte más popular entre Madrid y Barcelona es el avión
2. Hoy en día los autobuses son más rápidos
3. Ir en autobús no es incómodo
4. Hay autobuses a menudo
5. La comida en los autobuses es gratis

3.3: Tipos de alojamiento durante las vacaciones

Objetivos

Vocabulario:
- Tipos de alojamiento
- Instalaciones en distintos tipos de alojamiento

Gramática:
- Pronombres interrogativos
- Formular preguntas

Competencias comunicativas:
- Expresar opiniones sobre tipos de alojamiento
- Hacer reservas por teléfono
- Pedir información sobre tipos de alojamiento

---

1 Une los comentarios del blog con el tipo de alojamiento al que se refieren. Trabaja con tu compañero/a.

> un camping   un hotel   una casa rural
> un albergue juvenil   un apartamento en la playa
> un chalet en la montaña

a   Usuario: carmengomez
Perfecta oportunidad para conocer a otros jóvenes y compartir experiencias. Era la primera vez que cocinaba en una cocina con desconocidos pero fue una oportunidad genial de hablar con gente de muchas culturas diferentes.

b   Usuario: juanitorodriguez
El sitio para una escapada de invierno con la familia. Las habitaciones eran amplias y aunque no había calefacción central, la chimenea del salón era perfecta para mantener la casa caliente.

c   Usuario: aventurerasinfronteras
Era la primera vez que estábamos en la zona y el alojamiento fue perfecto para conocer los pueblos de la región. El mobiliario era básico pero tenía mucho carácter.

d   Usuario: sara003
No estoy nada de acuerdo con que tenga 4 estrellas. Las habitaciones eran pequeñas, el buffet del desayuno era malísimo y para colmo de males los recepcionistas eran un desastre.

e   Usuario: luispelaez
Bastante buena experiencia. Las parcelas eran amplias y la tienda vendía muchas cosas. Lo único que no me gustó mucho es que la zona de las caravanas estaba lejos de la piscina.

f   Usuario: carmengomez
En primera línea de mar, así que la ubicación era excelente. No era muy amplio pero perfecto para bajar a tomar el sol o nadar.

Unidad 3: Mis vacaciones y viajes

2 Lee los siguientes folletos de hoteles y contesta a las preguntas:

HOTEL LAS DELICIAS

Situado a 100 metros de la playa con vistas al mar desde todas las habitaciones

Nuestro restaurante sirve comida internacional y nos adaptamos a personas con restricciones alimentarias

Parking privado para 50 personas

Ascensor

Solo pagos en efectivo

Disponibilidad de habitaciones familiares

RESERVAS POR TELÉFONO: 952 07 87 87

HOTEL CASA GÓMEZ

Un hotel familiar con atención personalizada

Habitaciones sencillas pero con mucho encanto

Habitaciones con ducha o con baño compartido

Posibilidad de cama doble o camas individuales

No hay servicio de restaurante pero se sirven desayunos

Reservas a través de la página web: www.casagomez.es

HOTEL LA PERLA DE LEVANTE

Un hotel de 5 estrellas con gran renombre

Todas las habitaciones están equipadas con jacuzzi

Servicio de habitaciones 24 horas al día

Wifi gratuito en todas las zonas del hotel

Restaurante a la carta – especialidad en marisco

RESERVAS POR CORREO ELECTRÓNICO:
laperladelevante@surnet.es

HOTEL CAPILEIRA

Perfecta localización para esquiar en Sierra Nevada

Calefacción central en todas las habitaciones

Piscina climatizada

Posibilidad de media pensión o pensión completa

Todas las habitaciones están equipadas con televisor y minibar

Para reservar llame al: 958 12 35 67

Preguntas:

1 ¿En qué hotel puedes reservar una habitación con dos camas?

2 ¿Cuál es el mejor hotel para ti si eres alérgico a varios alimentos?

3 ¿En qué hotel puedes reservar todas las comidas del día?

4 ¿En qué hotel puedes reservar una habitación sin baño?

5 ¿Cuál crees que puede ser el hotel más caro?

6 ¿Cuál es el mejor hotel para viajar con niños pequeños?

Cambridge IGCSE Spanish as a Foreign Language

3 Después de leer los diálogos practica con tu pareja, cambiando la información subrayada.

Lee las siguientes conversaciones entre unos clientes (C) y los recepcionistas de un hotel y un camping (R).

R: Hotel Bellavista, buenos días, ¿en **qué** puedo ayudarle?
C: Hola, buenos días, quería hacer una reserva.
R: ¿Una habitación?
C: Si es posible querría reservar dos.
R: Por supuesto. ¿Para **cuántas** personas?
C: Para cuatro personas y un niño. Si puede ser una habitación con ducha y la otra con bañera.
R: Ningún problema. ¿Para qué fecha?
C: Del 15 al 21 de julio, por favor. **¿Cuándo** abre la recepción por la mañana?
R: La recepción abre 24 horas al día, pero las habitaciones no estarán listas hasta las 12.
C: Perfecto. ¿**Dónde** puedo aparcar el coche?
R: Tenemos un parking privado detrás del hotel. Sólo tiene que seguir las indicaciones. ¿A **quién** le envío la confirmación de la reserva? ¿Me puede dar el nombre y el correo electrónico?
C: Mi nombre es Juan Elizondo y mi correo electrónico es: juanito002@micorreo.es
R: ¿Me puede deletrear su apellido por favor?
C: E-L-I-Z-O-N-D-O
R: Muchas gracias. **¿Cómo** quiere pagar? ¿Con tarjeta de crédito ahora o al llegar?
C: Prefiero pagar al llegar.
R: Perfecto. Acabo de procesar la reserva. ¿Le puedo ayudar en algo más?
C: Sí, quería saber si el desayuno está incluido.
R: Por supuesto que sí. Desayuno continental de 7 a 10. ¿Tiene alguna pregunta más?
C: No, muchas gracias. Hasta luego.
R: Adiós.

> **PRONOMBRES INTERROGATIVOS**
> En el texto tienes varios pronombres interrogativos **en negrita**. ¿Se te ocurre alguno más?

> **RINCÓN CULTURAL**
> Todos los españoles tienen un DNI (Documento Nacional de Identidad) y es normal que te pidan el número para identificarte.

R: Camping Los molinos ¿Qué desea?
C: Hola, quiero reservar una parcela para una tienda de campaña.
R: ¿Para cuántas personas?
C: Para dos personas solamente.
R: ¿Al sol o a la sombra?
C: Si puede ser a la sombra, seguro que hace mucho calor.
R: Creo que tengo una parcela libre. ¿Para qué fecha?
C: Para el lunes que viene. ¿Aceptan mascotas?
R: Sí que tengo una parcela libre. En nuestro camping aceptamos perros y gatos, pero hay que llevarlos con correa.
C: Estupendo. ¿Hay cafetería o tienda?
R: Tenemos una cafetería donde servimos comida hasta tarde. ¿Me dice su nombre y DNI, por favor?
C: Me llamo Susana Alfaro y mi DNI es 56.989.9837-H
R: ¿Y su fecha de nacimiento?
C: 15 de junio de 1990.
R: Perfecto. Cuando lleguen pasen por la recepción para rellenar el papeleo.
C: Por supuesto. ¿Hay indicaciones en la carretera para encontrar el camping?
R: Sí, está señalizado, pero en nuestra página web puede encontrar un mapa.
C: Vale, muchas gracias. Hasta la semana que viene.
R: Hasta luego.

4 Pista 19 Vas a escuchar a varias personas haciendo reservas por teléfono. Copia la tabla siguiente en tu cuaderno y rellena la información según lo que oigas.

	1	2	3	4	5
¿Qué quiere reservar?					
¿Para qué fecha?					
¿Para cuántas personas?					
Detalles extra					

Unidad 3: Mis vacaciones y viajes

5 Lee el texto y contesta a las preguntas.

HOTEL CUEVA

Concepto

Es totalmente innovador, en pleno desierto de Los Monegros. Excavado dentro de una montaña, con toda clase de comodidades, un verdadero lujo. Comodidad, originalidad, detalles, sorpresas, entorno especial.

Ocho habitaciones agrupadas en torno a un patio interior con grandes macetas de camelias.

Los servicios y equipamientos que te encontrarás, entre otros, son los siguientes: piscina, televisión de plasma, caja de seguridad, baños para minusválidos, bañera de hidromasaje, espejos que se desempañan, aire acondicionado, suelo radiante en el baño, secador, minibar, conexión a internet, hilo musical, telefonía, servicio de desayuno, parking y zona wifi en todas las habitaciones.

Habitaciones

¡Sumérgete en el lujo de nuestras habitaciones!

Te vas a encontrar con ocho habitaciones dobles, cada una de ellas pintadas en un color diferente, creando diferentes ambientes.

Todos los muebles se han traído de Marrakech, excepto las camas de hierro, auténticas piezas de diseño de artistas españoles.

Entorno

Los Monegros es un escenario insuperable que ofrece impresionantes puestas de sol.

Diferentes rutas para disfrutar de la naturaleza y culturales hacen que Monegros tenga una variada oferta de ocio y cultura, de la que se puede disfrutar todo el año.

Preguntas:

1. ¿Por qué es especial el Hotel Cueva?
2. ¿Es un hotel grande?
3. ¿Dónde se pueden guardar los objetos de valor?
4. ¿Se puede reservar una habitación individual?
5. ¿Todos los muebles son importados?
6. ¿Qué es lo mejor del paisaje?
7. ¿Se puede reservar una habitación en invierno?

6 En tu cuaderno, escribe un correo electrónico para reservar alojamiento. Intenta mencionar:
- El tipo exacto de alojamiento que quieres
- Para cuántas personas
- Qué tipo de camas quieres
- Haz preguntas sobre el desayuno, servicios disponibles …
- Indica tus datos personales

VOCABULARIO

Vocabulario para reservar alojamiento
me gustaría reservar …
le escribo para reservar …
querría reservar …

con una cama …
con ducha
con baño
con váter

una parcela para una tienda/caravana

con media pensión
con pensión completa

desde el … hasta el … de …

me puede decir si el/la … tiene …

me gustaría saber si hay …

mis datos son …
mi nombre es …
mis apellidos son …
mi dirección es …

Por favor, envíeme la confirmación de la reserva.

3.4: ¿Qué se puede hacer durante las vacaciones?

Objetivos

Vocabulario:
- Actividades durante las vacaciones
- Opiniones sobre las vacaciones

Gramática:
- Pretérito regular e irregular

Competencias comunicativas:
- Hablar de actividades en el pasado
- Narrar vacaciones en el pasado con información detallada

1 Trabaja con tu compañero/a. Divide en tu cuaderno las siguientes actividades según el lugar donde se pueden hacer. En algunos casos puede haber más de una respuesta correcta.

Cosas para hacer durante las vacaciones

andar/caminar	ir al cine
bañarse	ir al lago
broncearse = ponerse moreno	ir al parque
	ir al teatro
cocinar	ir de compras
comer chucherías	ir de escaparates
comer en un restaurante	ir en bici de montaña
descubrir	jugar a juegos de mesa
disfrutar de las vistas	jugar a videojuegos
dormir la siesta	leer libros/revistas/periódicos
escuchar música	
esquiar	nadar
hacer deportes acuáticos	navegar
hacer escalada	relajarse
hacer los deberes	salir con amigos
hacer pasteles	salir de marcha
hacer piragüismo	tomar chocolate caliente
hacer senderismo	tomar/sacar fotos
hacer surf	ver la tele
hacer tareas domésticas	ver monumentos
hacer turismo	ver partidos de deporte
hacer una barbacoa	visitar monumentos

Lugares para pasar las vacaciones

en casa

en la playa

en la montaña

en una ciudad

Unidad 3: Mis vacaciones y viajes

2 🔊 **Pista 20** Escucha lo que dicen unos jóvenes sobre sus vacaciones y corrige la información subrayada en tu cuaderno.

Jacobo:

a Me encanta viajar por mi país.

b Todas las vacaciones de verano vamos a la montaña.

c A mis padres y a mí nos encanta nadar.

d Me llevo a las mil maravillas con mis padres.

e Mis padres siempre hacen picnics.

Sandra:

a En vacaciones siempre voy a la misma ciudad.

b Nos encanta comprar libros y revistas.

c Siempre aprovechamos para visitar parques y barrios antiguos.

d Nos apasiona el arte clásico.

e Siempre que podemos dibujamos.

Juanma:

a Siempre tenemos vacaciones en fechas similares.

b Normalmente vamos a muchos sitios.

c Toco el violonchelo en el colegio.

d Me encanta la música.

e Siempre vamos a casa de un amigo.

Lucía:

a Las vacaciones son el mejor momento para pasar tiempo en casa.

b Por las mañanas bajo a jugar al baloncesto.

c Voy con mis padres a algún sitio de costa.

d Para hacer senderismo y piragüismo.

e Si vemos un lago hacemos vela.

Cambridge IGCSE Spanish as a Foreign Language

EL PRETÉRITO

El pretérito se utiliza para hablar de **acciones completadas** en el **pasado**.

Verbos regulares

	-AR	-ER + -IR	
yo	trabaj-**é**	com-**í**	viv-**í**
tú	trabaj-**aste**	com-**iste**	viv-**iste**
él/ella	trabaj-**ó**	com-**ió**	viv-**ió**
nosotros/as	trabaj-**amos**	com-**imos**	viv-**imos**
vosotros/as	trabaj-**asteis**	com-**isteis**	viv-**isteis**
ellos/ellas	trabaj-**aron**	com-**ieron**	viv-**ieron**

Verbos irregulares

Grupo 1

	DAR	VER	SER/IR
yo	**di**	**vi**	**fui**
tú	**diste**	**viste**	**fuiste**
él/ella	**dio**	**vio**	**fue**
nosotros/as	**dimos**	**vimos**	**fuimos**
vosotros/as	**disteis**	**visteis**	**fuisteis**
ellos/ellas	**dieron**	**vieron**	**fueron**

Grupo 2
Cambios ortográficos en la 1ª persona del singular

c > qu	
buscar	bus**qu**é, buscaste, buscó, buscamos, buscasteis, buscaron
chocar	cho**qu**é, chocaste, chocó, etc.
explicar	expli**qu**é, explicaste, etc.
pescar	pes**qu**é, pescaste, etc.
sacar	sa**qu**é, sacaste, etc.
tocar	to**qu**é, tocaste, etc.

z > c	
cruzar	cru**c**é, cruzaste, cruzó, cruzamos, cruzasteis, cruzaron
comenzar	comen**c**é, comenzaste, comenzó, etc.
empezar	empe**c**é, empezaste, empezó, etc.

g > gu	
llegar	lle**gu**é, llegaste, llegó, llegamos, llegasteis, llegaron
pagar	pa**gu**é, pagaste, pagó, etc.

Grupo 3
Pretérito grave

Radical irregular	+	-e -iste -o -imos -isteis -ieron

andar	**anduv-**	anduve, anduviste, anduvo, etc.
conducir	**conduj-**	conduje, condujiste, condujo, condujimos, condujeron
decir	**dij-**	dije, dijiste, dijo, dijimos, dijisteis, dijeron
hacer	**hic-**	hice, hiciste, hizo, hicimos, hicisteis, hicieron
poder	**pud-**	pude, pudiste, pudo, etc.
poner	**pus-**	puse, pusiste, puso, etc.
querer	**quis-**	quise, quisiste, quiso, quisimos, etc.
saber	**sup-**	supe, supiste, etc.
tener	**tuv-**	tuve, tuviste, etc.
traer	**traj-**	traje, trajiste, trajo, trajimos, trajeron
venir	**vin-**	vine, viniste, etc.

Nota importante

Los verbos acabados en –ar y –er que tienen cambio de radical en el presente **no tienen cambio de radical** en el *pretérito*.

Ejemplo: → c**ie**rro, c**ie**rras, c**ie**rra, cerramos, cerráis, c**ie**rran
cerrar

→ cerré, cerraste, cerró, cerramos, cerrasteis, cerraron

Los verbos acabados en –ir que tienen cambio de radical en el presente también tienen cambio de radical en el pretérito pero es distinto → e:i, o:u (sólo en la 3ª persona del singular y del plural).

Ejemplo: → pref**ie**ro, pref**ie**res, pref**ie**re, preferimos, preferís,
preferir prefieren

→ preferí, preferiste, pref**i**rió, preferimos, preferisteis, pref**i**rieron

Ejemplo: → d**ue**rmo, d**ue**rmes, d**ue**rme, dormimos, dormís,
dormir d**ue**rmen

→ dormí, dormiste, d**u**rmió, dormimos, dormisteis, d**u**rmieron

Unidad 3: Mis vacaciones y viajes

3 Copia el texto en tu cuaderno y complétalo con los verbos entre paréntesis en el pretérito.

El verano pasado nosotros .... (ir) de vacaciones a España. .... (ir) con mis padres y mi hermana y también una amiga .... (viajar) conmigo. .... (pasar) tres semanas en el sur de España, en una ciudad que se llama Málaga. Me .... (gustar) porque me .... (encantar) pasar tiempo con mi familia y con mi amiga Pilar. .... (hacer) mucho calor durante mis vacaciones y tres días mi amiga y yo .... (ir) a la playa por la mañana y .... (pasar) todo el día allí. También .... (ir) de compras y .... (comprar) regalos para mis amigos.

Dos noches .... (cenar) en un restaurante y mi favorito .... (ser) un restaurante situado al lado de la playa. Allí .... (comer) paella y de postre nos .... (tomar) un flan, que nos .... (gustar) mucho. Después de cenar, mi amiga y yo .... (pasear) por el paseo marítimo, pero mis padres .... (volver) al hotel.

VOCABULARIO

Cuando hables o escribas sobre tus vacaciones intenta incluir todos los detalles que puedas.

Cuándo fuiste
El año pasado
El verano pasado
El invierno pasado
En las vacaciones de Navidad/Semana Santa
Hace tres años
El pasado agosto
Las Navidades pasadas
La Semana Santa pasada

Adónde fuiste
Fui a España
Fuimos a Sevilla
Estuve en un pueblecito
Fuimos al norte de España
Fuimos a esquiar a Sierra Nevada

Con quién fuiste
Fui con mi familia
Fui con mis amigos
Fui por mi cuenta
Éramos un grupo de cinco personas

Cómo viajaste
Fuimos en avión
Viajamos en tren / coche / autobús / ferry
Cogimos / Tomamos un avión
Atravesamos el Eurotunel

Lo que hiciste durante el viaje
Hablé con mi hermana
Durante el trayecto dormí
En el viaje me quedé dormido
Miré por la ventana
Pasé el tiempo escuchando música

Explica cuánto tiempo te quedaste
Pasé una semana en Málaga
Pasamos 10 días en España
Estuve 15 días en México

Explica dónde te alojaste
Nos alojamos en un hotel de 4 estrellas
El hotel estaba en el centro
Nos alojamos en un albergue juvenil
Me alojé con una familia española
Me alojé en casa de unos amigos
Fui a la casa de mi amigo
Había 5 personas en la familia
Acampamos en el campo
Nos quedamos en un camping

Explica cómo te relacionaste con otra gente
Durante el viaje me llevé muy bien con mi hermano
No me llevé demasiado bien con mi hermana
Hice muchos amigos
Conocí a mucha gente interesante

Da tu opinión general
Me encantó la experiencia
Disfruté mucho
Me lo pasé genial
Me aburrí un poco
Eché de menos a mi familia
No me gustó la comida
Me encantó mi habitación

Explica qué actividades hiciste
Me bañé en la piscina
Fui de compras
Visité el pueblo
Hice fotos

Di si quieres volver en el futuro o no y por qué	Prefiero no volver	El viaje fue demasiado largo
Me gustaría volver algún día	Nunca volveré	No me llevé bien con mis hermanos
Preferiría ir con mis amigos	El viaje se hizo bastante corto	Hacía demasiado calor para mí
Me gustaría ir otra vez	El viaje se me hizo largo	Gasté demasiado dinero
Recomendaría ir	No me gustó nada el alojamiento	Me picaron los mosquitos

4 Habla con tu compañero/a sobre las actividades que haces cuando estás de vacaciones. Intenta incluir todos los detalles que puedas y una variedad de tiempos verbales. Aquí tienes unas preguntas para ayudarte:

1 ¿Adónde sueles ir de vacaciones? ¿Qué haces cuando estás de vacaciones?

2 ¿Dónde prefieres ir de vacaciones, a la playa o a la montaña y por qué?

3 ¿Qué te gusta hacer en la playa?

4 ¿Qué te gusta hacer cuando visitas una ciudad?

5 ¿Qué actividades odias hacer durante las vacaciones?

6 ¿Qué actividades prefieren hacer tus padres?

7 ¿Durante las vacaciones prefieres hacer actividades culturales o simplemente relajarte?

8 ¿Dónde fuiste o qué hiciste durante las vacaciones pasadas?

9 ¿Cuál es el medio de transporte que utilizaste?

10 ¿Adónde vas a ir este verano?

5 Escoge una de las siguientes tareas y escribe entre 130 y 140 palabras en tu cuaderno:

1 Cada año mis vacaciones son iguales …

2 El año pasado por fin tuve unas vacaciones diferentes, aunque no esperaba que fueran tan diferentes …

3 Tuve vacaciones fantásticas y vacaciones no tan fantásticas …

4 Cuando tenga 30 años mis vacaciones van a ser …

Unidad 3: Mis vacaciones y viajes

3.5: ¿Qué tiempo hace?

Objetivos

Vocabulario:

- El tiempo

Gramática:

- Imperfecto
- Diferencia entre pretérito e imperfecto

Competencias comunicativas:

- Entender un parte meteorológico
- Describir el tiempo que hace en presente y en pasado
- Expresar frecuencia

1 Mira el mapa del tiempo y contesta a las siguientes preguntas según tu opinión. Explica por qué.

1. ¿Cuál es la mejor ciudad para ir a la playa hoy?
2. ¿Cuál es la peor ciudad para hacer un picnic?
3. ¿En qué ciudad del mapa preferirías estar ahora mismo?
4. ¿En qué ciudad del mapa te gustaría menos estar ahora mismo?
5. ¿Qué ciudad del mapa es la mejor para montar en bicicleta?
6. ¿Qué dos ciudades tienen climas más opuestos?

2 Pista 21 Escucha el parte meteorológico y corrige las frases siguientes.

1. Mañana vamos a tener buen tiempo en toda la península con temperaturas altas, sobre todo en el este de España.
2. En el noroeste habrá mucha lluvia por la mañana pero los cielos estarán despejados a partir de la tarde.
3. Las temperaturas en el centro de la península alcanzarán los 35 grados a mediodía pero a última hora de la mañana habrá muchos chubascos.
4. En el noroeste el sol brillará todo el día pero las temperaturas mínimas serán de 20 grados centígrados.
5. En el sur de la península habrá algunas borrascas a primera hora pero luego el día estará nublado.
6. Hará bastante calor, se van a alcanzar los 35 grados de la semana pasada.
7. Madrid será la ciudad donde se alcanzarán las temperaturas más bajas, ya que los termómetros marcarán 40 grados a la sombra.

3 Busca en internet la predicción meteorológica para hoy.

Ejemplo:

¿Qué tiempo hace hoy en …?, ¿Cuál es la región con el mejor/peor tiempo? …

> **CONSEJO**
>
> Intenta utilizar frases complejas con justificaciones.
>
> *Ejemplo:*
>
> *La ciudad con mejor tiempo hoy es Cádiz, hace un tiempo perfecto para ir a la playa.*

Cambridge IGCSE Spanish as a Foreign Language

4 Lee el texto y contesta a las preguntas que tienes en la siguiente página.

Las cinco ciudades de España con el mejor clima

El clima perfecto no existe, sin embargo, esta es una lista con las que pueden ser las ciudades de España que tienen un tiempo más agradable. Un buen clima proporciona unas condiciones idóneas para alcanzar el desarrollo físico, mental y emocional. Para ello se necesita una temperatura que ronde los 20 grados, una humedad en torno al 50% y la mayor cantidad de horas de sol posibles.

LAS PALMAS DE GRAN CANARIA

Situada en las Islas Canarias, posee un clima muy llevadero para el ser humano. La temperatura media diaria anual en Las Palmas de Gran Canaria es 20,7 °C, con un máximo diario anual de 23,7 °C. Tanto en invierno como en verano las temperaturas son agradables y en el mes más cálido (agosto) la media diaria es de 27 °C. Además, la ciudad cuenta con numerosas horas de luz y poco viento. Como punto negativo, destacar que las Islas Canarias suelen sufrir fenómenos meteorológicos adversos, como tormentas tropicales. Aún así, ocurren en momentos muy puntuales.

MÁLAGA

El clima de Málaga es muy templado en invierno, con temperaturas mínimas muy suaves, y veranos moderados debido a la influencia del mar. La temperatura media anual en la ciudad es de 18,5 °C, siendo su máxima media de 25,4 °C en agosto. La precipitación también es baja, con un promedio anual de 469,2 mm. Con las casi 3.000 horas de sol anuales y el viento flojo, podemos decir que Málaga es una de las mejores ciudades de España para vivir.

PALMA DE MALLORCA

La temperatura media anual oscila entre los 16 y los 18 grados centígrados, aunque en verano se rondan los 30 grados. La mayor parte de la lluvia cae en otoño, aunque el total anual no supera los 600 metros cúbicos. Salvo en agosto, cuando la sensación térmica llega a ser alta debido a la humedad, la mayor parte del año cuenta con un clima muy agradable.

HUELVA

Por su situación geográfica, la provincia de Huelva cuenta con un clima mediterráneo continental con influencias atlánticas. El hecho de situarse en el Atlántico suaviza las temperaturas en verano, mientras que el invierno es muy moderado. Las temperaturas medias anuales oscilan entre los 18 y los 20 grados, y la media de precipitaciones es de 500 mm² anuales.

VIGO

Aunque esté situada en Galicia, una de las Comunidades Autónomas más lluviosas, la ciudad de Vigo cuenta con un microclima, una excepción en Galicia y casi en España. Pese a su situación geográfica, es una de las ciudades que cuenta con más días despejados. Las temperaturas también son más suaves que en otras zonas de Galicia, al estar bajo la influencia de un régimen subtropical. La temperatura media anual en Vigo es de 14.9 °C. El verano es muy suave y en invierno difícilmente bajan las temperaturas de los 7 grados.

Unidad 3: Mis vacaciones y viajes

Preguntas:

1 ¿Qué condiciones meteorológicas definen un buen clima?
2 ¿Cuántas horas de sol son las ideales?
3 ¿Para quién es ideal el clima de Gran Canaria?
4 ¿En Gran Canaria hay mucha diferencia entre el clima de invierno y el de verano?
5 ¿Qué es lo peor del clima de Gran Canaria?
6 ¿Cuál es la causa de las temperaturas de verano en Málaga?
7 ¿Llueve mucho en Málaga?
8 ¿El viento es un gran problema en Málaga?

Di si las siguientes afirmaciones son verdaderas o falsas. Corrige las falsas.

a En Palma de Mallorca las temperaturas son muy parecidas en verano y en invierno.
b En otoño llueve más que en invierno.
c El clima es muy agradable todo el año.
d Huelva está en el Mediterráneo.
e La situación de Huelva hace que las temperaturas sean agradables en verano y en invierno.
f El clima de Vigo es típico de la región donde se encuentra.
g En Vigo hay muchos días nublados.
h Las temperaturas en verano son agradables en Vigo.

IDIOMA

Muchas veces estas expresiones de tiempo nos indican que el verbo debe ir en imperfecto.

siempre	algunas veces
generalmente	mientras
a menudo	de vez en cuando
frecuentemente	en aquella época
a veces	cada día / semana / mes / año
todo el tiempo	todos los años
muchas veces	todas las semanas
por lo general	casi nunca
todos los días	nunca
con frecuencia	anteayer

VOCABULARIO

En español tenemos muchas expresiones para hablar del tiempo. Aquí tienes una tabla con las más comunes. Algunos conceptos se pueden expresar de varias formas.

¿Qué tiempo hace?			
hace ...	hay ...	está ...	verbo en presente / presente continuo
Hace buen tiempo	Hay nubes	Está lluvioso	Llueve/Está lloviendo
Hace mal tiempo	Hay niebla	Está nublado	Nieva/Está nevando
Hace frío	Hay neblina	Está soleado	Truena/Está tronando
Hace calor	Hay granizo	Está oscuro	Llovizna/Está lloviznando
Hace fresco	Hay relámpagos	Está despejado	Chispea/Está chispeando
Hace viento	Hay humedad		
Hace sol	Hay lluvias torrenciales		
Hace 15 grados	Hay un vendaval		
	Hay lloviznas		
	Hay bochorno		

Aquí tienes algunas expresiones idiomáticas

Llueve a cántaros = llueve mucho
Hace un frío que pela = hace mucho frío
Me estoy congelando = tengo mucho frío

Es un horno = hace mucho calor
Me estoy asando = tengo mucho calor
Hace un tiempo de perros = hace muy mal tiempo

EL PRETÉRITO IMPERFECTO

El pretérito imperfecto o imperfecto expresa acciones en el pasado. Se utiliza en los siguientes casos:

1 Acciones que se repiten en el pasado

Ejemplo:
Todos los martes comía con mis primos.

2 "Escenario" para otra acción en el pasado

Ejemplo:
Volvía a casa cuando me caí.

3 Tiempo y edad en el pasado

Ejemplo:
El curso pasado tenía 15 años.

4 Describir una escena o persona en el pasado

Ejemplo:
El conductor del autobús era muy amable.

5 Describir emociones, sentimientos o estados mentales en el pasado

Ejemplo:
Estaba muy contento.

Estas son las terminaciones regulares

verbos en -ar	verbos en -er + -ir
-aba	-ía
-abas	-ías
-aba	-ía
-ábamos	-íamos
-abais	-íais
-aban	-ían

Sólo hay tres verbos irregulares en el imperfecto

ir	ser	ver
iba	era	veía
ibas	eras	veías
iba	era	veía
íbamos	éramos	veíamos
ibais	erais	veíais
iban	eran	veían

5 Lee las siguientes frases y decide por qué están en el imperfecto en vez del pretérito. Trabaja en parejas.

1 Cuando <u>tenía</u> 15 años siempre <u>iba</u> de vacaciones a la playa.
2 La amiga que conocí en la playa <u>era</u> muy simpática.
3 <u>Iba</u> al colegio cuando empezó a llover.
4 Cuando <u>vivías</u> en Cádiz siempre <u>ibas</u> a la playa todas las tardes.
5 <u>Estaba</u> muy feliz porque la canción que canté ganó el primer premio.
6 Todos <u>estábamos</u> un poco tristes porque empezó a llover y no pudimos ir al cine.
7 Casi siempre <u>comíamos</u> en el restaurante italiano del barrio.
8 Nunca <u>jugabas</u> al baloncesto cuando <u>estabas</u> en tu antiguo colegio.
9 Volví a casa muy tarde del colegio, <u>eran</u> las siete y media.
10 <u>Estaba</u> en la ducha cuando sonó el teléfono.

6 Copia el texto en tu cuaderno y complétalo con la forma correcta del verbo en paréntesis. Tienes que decidir si debes utilizar el verbo en pretérito o imperfecto.

El año pasado .... (tener) unas vacaciones geniales. Cuando .... (ser) pequeño siempre .... (ir) a casa de mis abuelos porque .... (vivir) cerca de la playa pero este año mi madre .... (cambiar) de opinión y .... (decidir) ir a la montaña. Mi hermano no .... (estar) muy emocionado porque no le gusta el frío pero yo .... (estar) encantado. La última vez que .... (ir) de vacaciones a la montaña yo .... (tener) sólo cinco años así que casi no me acuerdo.

.... (ir) en coche para poder llevar mucho equipaje. El viaje .... (durar) tres horas pero yo no .... (estar) cansado porque .... (tener) muchas ganas de ir. .... (llegar) por la mañana y el tiempo ....

Unidad 3: Mis vacaciones y viajes

(ser) horrible, ………. (llover) y ………. (hacer) bastante frío. Mi hermano no ………. (estar) nada contento pero ………. (animarse) cuando ………. (ver) el enorme televisor de u habitación.

Por la noche ya ………. (hacer) mejor tiempo, así que como ………. (ser) temprano ………. (decidir) ir a dar un paseo. ………. (ir) hasta el pueblo y ………. (tomarse) un helado. Cuando ………. (ser) más pequeño siempre ………. (tomar) helado de chocolate pero esta vez ………. (pedir) uno de pistacho.

El resto de la semana ………. (ser) genial. Todas las mañanas ………. (desayunar) en la terraza e ………. (ir) a dar un paseo. Siempre ………. (hacer) lo mismo pero un día ………. (decidir) explorar otra montaña. ………. (perderse) un poco pero al final ………. (encontrar) el camino de vuelta y aunque ………. (estar) un poco cansados todos ………. (estar) muy felices también.

7 Continúa esta historia. Intenta incluir toda la información y estructuras gramaticales que se piden. Subraya los verbos que utilices en <u>imperfecto</u> y escribe con otro color los que utilices en pretérito.

- Cuenta lo que sucedió después
- Explica qué actividades hicisteis
- Explica cómo se sentían tus amigos con el cambio de planes
- Cuenta algo inesperado que sucedió

<u>Era</u> domingo por la mañana. Me **levanté** y **desayuné**. <u>Estaba</u> muy contento porque era mi cumpleaños. <u>Hacía</u> muy buen día, <u>hacía</u> sol y bastante calor. Un día perfecto para jugar en el jardín. <u>Tenía</u> muchos planes pero algo **sucedió**. Cinco minutos antes de llegar mis amigos el tiempo **cambió** y cuando **llamaron** a la puerta <u>llovía</u> muchísimo. **Tuvimos** que cambiar de planes …

CONSEJO
- Intenta utilizar varios tiempos verbales.
- Utiliza al menos cuatro expresiones diferentes para hablar del tiempo.
- Utiliza conectores para hacer frases complejas.

3.6: Una pesadilla de vacaciones

Objetivos

Vocabulario:
- Consejos de salud
- Problemas de salud
- Accidentes

Gramática:
- Pretérito perfecto compuesto
- Imperfecto continuo

Competencias comunicativas:
- Seguir y dar consejos de salud
- Hablar de problemas de salud
- Describir accidentes

1 Lee el texto siguiente sobre consejos para la playa y contesta a las preguntas.

a ¿Qué hay que hacer para disfrutar de unas buenas vacaciones?
b ¿Cuándo hay que beber agua?
c ¿Cuál es la peor hora para tomar el sol?
d ¿Qué se debe hacer para saber dónde estás en todo momento?
e ¿A quién debes obedecer en todo momento?
f ¿Cuáles son las dos protecciones más importantes contra el sol?
g ¿Para quién puede ser más peligroso el sol? ¿Qué pueden hacer para evitar problemas?
h ¿Qué indica la bandera verde en una playa?
i ¿Por qué puede ser peligroso el mar?

La playa es un lugar para relajarse y disfrutar con los amigos y la familia pero también es importante tomar algunas precauciones para asegurarse de que tus vacaciones no sean una pesadilla. Aquí tienes algunos consejos para ayudarte a tener unas vacaciones placenteras y felices.

Consejos generales
- Intenta hidratarte constantemente. Bebe mucha agua.
- Evita estar al sol al mediodía ya que es cuando más calor hace.
- No te duermas tomando el sol ya que puede ser peligroso.
- No te alejes de tu familia o amigos.
- Es importante tener siempre un punto de referencia para no perderse.
- Después de comer espera por lo menos una hora antes de bañarte para no tener un corte de digestión.
- Sigue siempre las indicaciones de seguridad de los socorristas. Su trabajo es ayudarte y protegerte.

En la arena
- Ten cuidado con la arena ya que puede estar muy caliente y provocar quemaduras en la planta de los pies.

- Es importante proteger la piel de los rayos ultravioleta. Utiliza siempre crema solar con un factor de protección adecuado a tu piel. En caso de duda consulta con tu farmacéutico.
- No te olvides de protegerte la cabeza con un gorro o una visera.
- Sobre todo, si tienes ojos claros, utiliza siempre gafas de sol de buena calidad.

En el agua
- Antes de ir al mar consulta la bandera. Báñate solo con bandera verde.
- Ten cuidado con los objetos cortantes como trozos de cristal o conchas afiladas.
- A menos que seas un experto nadador no te alejes demasiado de la orilla. Intenta estar siempre donde se pueda hacer pie.
- Ten cuidado con las corrientes del mar que te pueden arrastrar.

Unidad 3: Mis vacaciones y viajes

2 Lee los siguientes consejos de salud y decide para qué tipo de vacaciones o destino son más adecuados.

Ejemplo:

Ponte crema solar – vacaciones de verano/playa

- Lleva siempre un impermeable, por si llueve, para no coger frío.
- Utiliza gafas de sol.
- Lleva siempre comida y bebida de emergencia en la mochila.
- Báñate solo si hay socorrista.
- No pases demasiado tiempo viendo la televisión, sal al jardín.
- Lleva un mapa o GPS.
- Bebe agua regularmente.
- Ponte un casco y gafas de protección.

3 Habla con tu compañero/a. Uno de vosotros trabaja en una farmacia y el otro viene con un problema de salud. Utiliza el diálogo de ejemplo y el vocabulario que tienes a continuación.

Farmacéutico: Hola, buenos días ¿en qué puedo ayudarle?

Cliente: No me encuentro bien.

F: ¿Cuál es el problema?

C: Me duele mucho la garganta y además tengo fiebre.

F: Tome estas pastillas. Le aconsejo tomar dos con cada comida durante una semana.

C: ¿Me puede dar también unas pastillas para la tos?

F: Claro, estas son muy eficaces y además tienen un sabor muy bueno.

C: Perfecto, muchas gracias.

F: No hay de qué. Espero que se mejore pronto. Recuerde que también es muy importante beber mucha agua y descansar.

C: Seguiré sus consejos. Hasta luego.

F: Adiós, buenas tardes.

VOCABULARIO

Me duele la cabeza	Tengo fiebre
Me ha picado un mosquito	Tengo un dedo roto
	Estoy constipado
Tengo tos	Tengo dolor de muelas
Me duele la garganta	Tengo una insolación
Tengo dolor de estómago	Me he quemado la espalda
Me duele un oído	
Estoy mareado	Me he hecho daño en la mano
Tengo catarro / un resfriado	Tengo el tobillo hinchado
Tengo gripe	Tengo una alergia
Tengo diarrea	Tengo una herida / una lesión
Estuve vomitando	

Le aconsejo …	tomar estas pastillas
Tiene que …	ponerse esta crema
Puede …	ir al médico, dentista …
Lo mejor para ese problema es …	quedarse en casa
	quedarse en la cama
Le recomiendo …	guardar reposo
	beber mucha agua
	tomar una cucharada de jarabe

Cambridge IGCSE Spanish as a Foreign Language

RINCÓN CULTURAL

Nota cultural – Las farmacias en España

En cada barrio suele haber una farmacia. Las farmacias en España normalmente abren de 9.30 a 14.00 y de 17.00 a 21.00, de lunes a viernes. Si necesitas algo a otras horas tienes que buscar cuál es la *farmacia de guardia* ese día. Puedes encontrar la lista de *farmacias de guardia* en internet o también hay una lista en la puerta de todas las farmacias. En muchas regiones también existen *farmacias 24h* que abren todos los días de la semana a cualquier hora. Todas las farmacias están señalizadas con una gran cruz verde luminosa. Si la cruz está encendida la farmacia está abierta al público, si la cruz está apagada quiere decir que está cerrada.

En las farmacias españolas sólo se venden medicamentos y algunos cosméticos o productos de higiene. Algunos medicamentos son *sin receta* y se pueden comprar directamente siguiendo los consejos del farmacéutico, pero para otros necesitas una receta del médico. Hay algunos medicamentos que puedes comprar *de marca* o *genéricos*, que son bastante más baratos. En cada farmacia siempre hay un farmacéutico titulado que te puede aconsejar sobre qué tomar y qué dosis es la aconsejable.

Si prefieres la medicina alternativa o estás buscando medicamentos naturales también existen las *parafarmacias*, donde puedes encontrar una variedad de productos. Si lo que buscas es cosméticos, artículos de belleza o de aseo, lo mejor es que vayas a una *droguería* o a una *perfumería*.

EL PRETÉRITO PERFECTO COMPUESTO

El **pretérito perfecto compuesto** o **perfecto** describe una acción que sucedió en el pasado y que continúa o tiene una consecuencia en el presente. Se forma así:

AUXILIAR (en presente) – HABER ↓ he has ha hemos habéis han	+	PARTICIPIO ↓ **-ado** (verbos en -ar) **-ido** (verbos en -er/-ir)

Ejemplos:
Yo he comido, tú has bebido, nosotros hemos estado

Algunos participios son irregulares. Estos son los más comunes:

abrir	→	abierto
decir	→	dicho
escribir	→	escrito
hacer	→	hecho
morir	→	muerto
poner	→	puesto
resolver	→	resuelto
romper	→	roto
ver	→	visto
volver	→	vuelto

En los verbos reflexivos el pronombre reflexivo va antes del auxiliar

Ejemplo:
Me he roto la pierna, se ha quemado el dedo

---

4 Copia las frases en tu cuaderno y complétalas con la forma correcta del verbo en el perfecto.

a Me duele la cabeza, ………… (estudiar) mucha gramática.

b ¿………… (dormir) lo suficiente? Tienes muy mala cara.

c No ………… (ir) al médico esta mañana pero iré por la tarde.

d Mi hermana no puede ir al colegio hoy, ………… (romperse) la pierna.

e ………… (andar) muchos kilómetros y ahora os duelen los pies.

f En la fiesta ………… (cantar) mucho y ahora estamos afónicos.

g Tienes el pie muy hinchado, creo que ………… (torcerse) el tobillo.

Unidad 3: Mis vacaciones y viajes

5 🔊 **Pista 22** Escucha los siguientes diálogos en una farmacia y rellena la tabla en tu cuaderno con la información adecuada. Escucharás cinco diálogos.

	1	2	3	4	5
Problema					
Cuándo empezó					
Causa					
Consejo del farmacéutico					
Dosis					

6 📝 👥 Trabaja con tu compañero/a y relaciona las imágenes de los accidentes con las descripciones.

a El semáforo estaba en verde para los peatones pero un coche se saltó el semáforo en rojo y atropelló a una persona.

b Un camión chocó contra un árbol.

c Un coche se saltó un ceda el paso y chocó con otro.

d Un coche adelantó, giró a la izquierda sin poner el intermitente y el que venía por detrás se empotró contra él.

e Un coche frenó para evitar atropellar a un niño que recogía una pelota de la carretera y el coche le dio un golpe porque no guardaba la distancia de seguridad y no pudo frenar.

VOCABULARIO

Accidentes de tráfico

chocar	girar
adelantar	la rotonda
circular	dar marcha atrás
el semáforo	un giro
el intermitente	empotrarse con
frenar	el peatón
cambiar de carril	

7 📝 Has sido testigo de un accidente y la policía te pide que rellenes un formulario. Copia el formulario en tu cuaderno y rellénalo.

DECLARACIÓN DE TESTIGOS DE ACCIDENTE

¿Dónde se encontraba usted? ....

¿Qué hacía usted? ....

¿Quiénes estaban presentes en el lugar del accidente? ....
....

¿Cómo eran los coches afectados? ....
....

¿Cómo eran los conductores de los coches? ....
....

¿Qué tiempo hacía? ....

¿Qué sucedió? ....

Cambridge IGCSE Spanish as a Foreign Language

8 🔊 **Pista 23** Escucha el relato de un accidente de tráfico y pon las imágenes en el orden correcto en tu cuaderno.

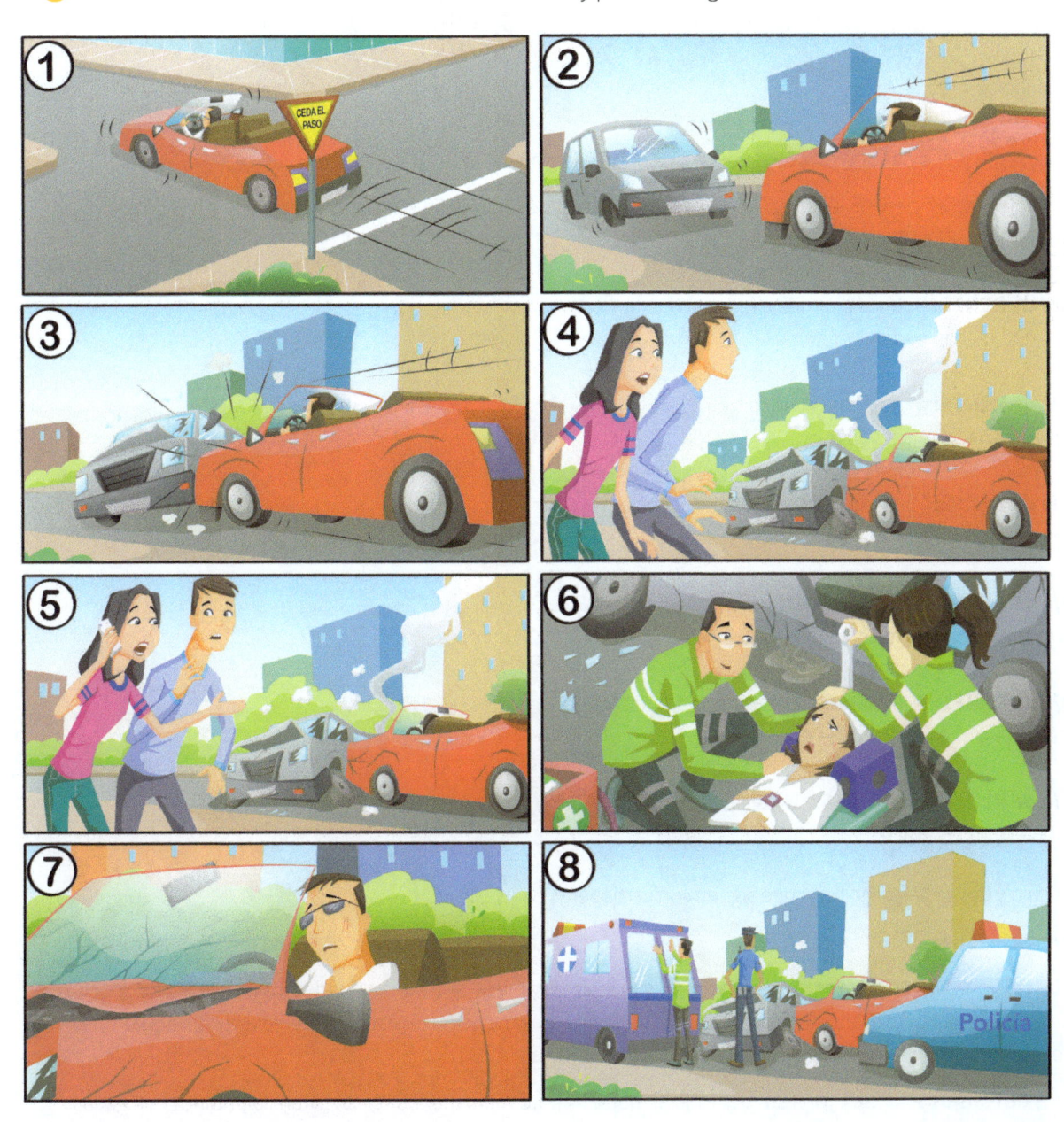

IMPERFECTO CONTINUO

El imperfecto continuo se utiliza para hablar de algo que sucedía de forma continua.

Se forma utilizando el imperfecto del verbo **estar** y el gerundio del verbo.

Recuerda que el gerundio se forma añadiendo -ando (verbos en -ar) o -iendo (verbos en -er o -ir).

Ejemplos:

Estaba caminando cuando vi un accidente.

Mi hermana estaba cruzando la calle cuando un coche se saltó el semáforo.

9 💬 Ahora que sabes el orden correcto de las imágenes, trabaja con tu compañero/a e intenta hacer una descripción del accidente parecida a la que acabas de oír. Intenta utilizar el imperfecto continuo.

Unidad 3: Mis vacaciones y viajes

Repasa

1 Practica el siguiente juego de roles con tu profesor/a o con tu compañero/a.

Acabas de viajar en el AVE de Madrid a Sevilla. Al llegar a casa te das cuenta de que te has olvidado una mochila en el tren. Llamas por teléfono a RENFE. Debes contestar siguiendo las indicaciones.

Empleado/a de RENFE: Buenos días. RENFE, ¿en qué puedo ayudarle?
Viajero: Cuenta que has perdido tu mochila.

Empleado/a de RENFE: ¿A qué hora llegó tu tren?
Viajero: Contesta de forma apropiada.

Empleado/a de RENFE: ¿Cómo es la mochila?
Viajero: Describe la mochila, da dos detalles.

Empleado/a de RENFE: ¿Qué contiene la mochila?
Viajero: Di qué contiene la mochila, da dos detalles.

Empleado/a de RENFE: Buenas noticias, tenemos tu mochila aquí.
Viajero: Pregunta a qué hora puedes recogerla.

Empleado/a de RENFE: ¿Puedes venir entre las tres y las siete?
Viajero: Di que sí, da las gracias y despídete.

2 Lee este artículo y di si las afirmaciones que siguen son verdaderas o falsas.

Trabajar en vacaciones

Hoy en día las opciones de ocio durante las vacaciones son interminables y se adaptan a todos los bolsillos pero mucha gente busca algo diferente. Atrás quedan las vacaciones para descansar y no hacer nada. Hoy en día la gente quiere ser activa, hacer cosas útiles, aprender algo interesante e incluso trabajar.

Los proyectos de conservación se propagan por todo el mundo y para mantenerlos se necesitan voluntarios con ganas de participar. Dependiendo del país existen iniciativas tan variadas como conservar el litoral marítimo, limpiar bosques y parques naturales e incluso cuidar animales en granjas. Las opciones son interminables y se adaptan a todos los gustos. Si quieres disfrutar de la naturaleza pero de forma relajada, hay pastores de cabras y ovejas en zonas remotas que necesitan ayuda durante los meses de verano. Si por el contrario te interesa más hacer una actividad física y conocer a gente existen proyectos de jardinería en los que puedes aprender el arte de cuidar de flores y plantas mientras que te diviertes.

Cambridge IGCSE Spanish as a Foreign Language

Muchos de estos proyectos están diseñados para mayores de 18 años pero otros están pensados para familias con hijos de entre 6 y 16 años así que todos podemos participar de alguna manera. La experiencia raramente es necesaria. A cambio de tu trabajo, se te ofrece de manera gratuita el alojamiento y la comida así que aparte del transporte, las vacaciones te pueden salir gratis. Lo único necesario es tener buen humor, ganas de divertirte y trabajar en equipo y por supuesto querer disfrutar de la naturaleza.

- **A** Ir de vacaciones no siempre es caro.
- **B** Todo el mundo quiere descansar durante las vacaciones.
- **C** Todos los proyectos son muy parecidos.
- **D** Si quieres puedes cuidar animales en agosto.
- **E** No hay ningún proyecto para los menores de edad.
- **F** Para participar en uno de estos proyectos necesitas poco dinero.

> **VOCABULARIO**
> Usa las listas de vocabulario al final del libro para repasar cada tema

Unidad 4: Mi mundo profesional

Introducción

Qué estudiar y a qué dedicarse profesionalmente en el futuro son dos aspectos importantes en la vida de los jóvenes. Y la realidad es que muchos jóvenes aprovechan su tiempo haciendo prácticas, voluntariados y/o estudios de idiomas para formarse, tener experiencia profesional y un currículum interesante.

En esta unidad hablaremos sobre la educación, los estudios y el futuro profesional y laboral de los jóvenes. Y en cuanto a los aspectos más prácticos y comunicativos del mundo laboral, estudiaremos el vocabulario y las estructuras básicas para comunicarnos profesionalmente por teléfono y por escrito. También aprenderemos a leer anuncios de trabajo y a escribir un currículum (CV).

Y no te preocupes, porque en esta unidad también aprenderemos y practicaremos algunas de las técnicas básicas para realizar con éxito una entrevista de trabajo en español. Un, dos, tres … ¡A trabajar!

4.1: Trabajos y profesiones

Objetivos

Vocabulario:
- Las profesiones y los profesionales
- Estructuras básicas para preguntar por la profesión
- Verbos y adjetivos para describir profesiones

Gramática:
- Los verbos ser, trabajar y dedicarse
- El condicional

Competencias comunicativas:
- Dar información y describir una profesión
- Expresar gustos y preferencias en relación a las actividades profesionales

---

1 Relaciona las fotos con la profesión.

1. ingeniero/a
2. profesor/a
3. futbolista
4. arquitecto/a
5. médico/a
6. fontanero/a
7. vendedor/a
8. pintor/a
9. granjero/a
10. abogado/a

2 Copia las frases en tu cuaderno y complétalas con las profesiones del cuadro. Usa el diccionario si lo necesitas.

| actor/actriz | carpintero/a | astronauta |
| recepcionista | enfermero/a | jardinero/a |

1. Mis padres tienen un hotel y en verano trabajo allí como ....
2. Un .... hace muebles y trabaja con la madera.
3. Mi padre es .... y sabe mucho de plantas, árboles y flores.
4. Tengo una amiga que es .... y trabaja en Hollywood.
5. He visto en el periódico que la Agencia Espacial Europea (ESA) necesita un .... para su próximo viaje a Marte.
6. La madre de un amigo mío es .... Trabaja en un hospital infantil.

VOCABULARIO

El trabajo y la actividad profesional

Para preguntar por las profesiones se usan las siguientes fórmulas:
1. ¿Qué haces (profesionalmente)?
2. ¿En qué trabajas?
3. ¿A qué te dedicas?

La actividad profesional en español se expresa con:
1. Ser + profesión. Mi hermana es directora de un banco.
2. Trabajar como + profesión. Yo trabajo como profesor.
3. Dedicarse a + actividad profesional. Mis padres se dedican a la venta de casas.

Unidad 4: Mi mundo profesional

> **EL CONDICIONAL**
>
> El condicional se forma con el infinitivo más las terminaciones –ía, -ías, -ía, -íamos, -íais, -ían.
>
> yo compraría
>
> tú comprarías
>
> él/ella/usted compraría
>
> nosotros/as compraríamos
>
> vosotros/as compraríais
>
> ellos/ellas/ustedes comprarían
>
> **Irregulares:**
>
> (hacer) haría, (poder) podría, (tener) tendría, (decir) diría, (venir) vendría, (querer) querría, (salir) saldría, (caber) cabría, (valer) valdría.
>
> **El condicional simple se usa para:**
>
> - Expresar un deseo en el futuro: Me gustaría ser director de orquesta.
> - Invitar: ¿Te gustaría ir al cine conmigo?
> - Pedir algo de forma *educada*: ¿Podrías abrir la ventana?
> - Expresar una posibilidad/hipótesis en el futuro: Yo hablaría con María si tuviera un problema con ella.

3 Lee estos textos. Son rutinas y horarios de algunas profesiones. ¿De qué profesiones se trata? Marca las palabras claves.

A Me levanto temprano, desayuno en el bar de la esquina, leo el periódico, me monto en el coche y empiezo la jornada. Algunos días trabajo muchas horas y otros días, menos. Depende del día y del período del año. Por ejemplo, en períodos de vacaciones, o en verano, trabajo mucho porque hay muchos visitantes y turistas en la ciudad. Como normalmente un bocadillo o algo rápido dentro del coche y a las 10 de la noche vuelvo a casa. Ceno y me voy a la cama. Conducir tantas horas cansa mucho.

B En general duermo poco. Me levanto temprano, sobre las 7.30, desayuno, me ducho, me visto y voy a la parada del autobús. Las clases empiezan a las 8 y cuarto. Al mediodía como generalmente con mis colegas y termino las clases a las 16.00 o las 17.00. Cuando vuelvo a casa, veo un poco la tele, ceno y preparo las clases del día siguiente. A veces tengo que corregir algunos textos.

C En mi profesión cada día es diferente. No existe la rutina y los horarios, los lugares y las personas son siempre distintos. Por ejemplo, me levanto temprano y desayuno en mi casa, pero es posible que al día siguiente esté en otra ciudad y durmiendo en un hotel. Eso sí, tengo que dormir y descansar bien para estar siempre atento y concentrado. Para mi trabajo, observar y escuchar es lo más importante. Por eso mi equipo básico de trabajo es mi cámara de fotos y una minigrabadora que uso para grabar, por ejemplo, conversaciones. Vuelvo a casa o al hotel por la tarde y veo en la tele alguna película. Me encantan las películas de acción y de espías.

4 Completa este cuadro en tu cuaderno con algunas profesiones de las actividades anteriores. ¿Qué te gustaría ser y qué no? Argumenta tus opiniones.

Me gustaría ser … porque …	No me gustaría ser … porque …
Me gustaría trabajar como … porque …	No me gustaría trabajar como … porque …

5 Piensa en una profesión y escribe un texto en tu cuaderno con sus rutinas y horarios. Tu compañero/a deberá adivinar la profesión.

6 Lee el texto del rincón cultural en la página siguiente sobre el trabajo y escribe en tu cuaderno una lista con palabras, conceptos, siglas, etc. que aparezcan en el texto y que estén relacionados con el tema laboral.

7 Escribe en tu cuaderno una definición de las siguientes palabras: salario, empresa, desempleo y explotación.

RINCÓN CULTURAL

Algunos datos importantes sobre el trabajo

Según el artículo 23 de la Declaración Universal de los Derechos Humanos de 1948, "todas las personas tienen derecho al trabajo, a la libre elección de su trabajo, a condiciones justas y satisfactorias de trabajo y a la protección contra el desempleo. Igualmente, todas las personas tienen derecho, sin discriminación alguna, a recibir el mismo salario por el mismo trabajo".

La Organización Internacional del Trabajo (OIT), fundada en 1919, es el organismo especializado de las Naciones Unidas (ONU) que se ocupa de todos los asuntos relativos al trabajo y las relaciones laborales.

Aunque se calcula que hay más de 150 millones de niños trabajadores de edades entre los 5 y los 14 años, el trabajo y la explotación infantil están prohibidos. Según la OIT, la edad mínima para trabajar es 15 años.

En 2002, la OIT declaró el 12 de junio como Día Internacional contra el Trabajo Infantil, con el propósito de dar a conocer el problema y promover iniciativas para resolverlo, con la participación de los gobiernos, las empresas, los sindicatos, la sociedad civil, y todos y cada uno de nosotros.

¿Existe el trabajo perfecto?

1 Definir el trabajo ideal no es fácil. Y para muchos tampoco encontrarlo. Sin embargo, no se trata de una misión imposible.

2 Y es que a muchas personas les gusta su trabajo y se sienten muy a gusto y satisfechos con sus respectivas profesiones. Por ejemplo, según algunas estadísticas, los funcionarios y los altos ejecutivos del sector privado son los que parecen estar más contentos en sus puestos de trabajo. Pero la diferencia en el grado de satisfacción con su empleo es notable entre los directivos y el resto de los trabajadores: solo un 42% de los empleados está satisfecho con su trabajo.

3 Eso sí, el aspecto con el que casi todos están de acuerdo es la importancia de una retribución equitativa y correcta. Todos los trabajadores, sean del sector público o del privado, tienen muy en cuenta su sueldo, y casi un 60% de ellos no está contento con el que tiene. Así, el sueldo se convierte en la mayor de las preocupaciones para todos los empleados.

4 En definitiva, hay opiniones para todo. Por ello, cuestiones como ¿cuál sería el trabajo perfecto? y ¿perfecto para quién? serían algunas preguntas muy personales y difíciles de contestar.

8 Pista 24 Escucha y completa las frases.
1 Para sus prácticas laborales, Alex trabajó como …
2 Alex realizó su periodo de prácticas en …
3 Las prácticas duraron …
4 Su horario laboral era …
5 Alex tenía que…
6 Alex trabajaba todos los días menos …
7 Lo mejor fue …
8 El año que viene Alex …

9 Lee el siguiente texto y localiza en qué párrafos se encuentra cada una de estas ideas.
a La mayoría de los trabajadores están de acuerdo en que se necesita un sueldo justo.
b La definición del trabajo perfecto depende de cada persona.
c A muchos trabajadores les gusta lo que hacen.
d No todo el mundo encuentra un trabajo con el que esté contento.
e Los trabajadores del sector privado están menos satisfechos con sus trabajos que los jefes.

10 Pensad en qué características debería tener un buen trabajo. Discutidlas en grupo y haced un póster con vuestras opiniones. Como ayuda, podéis usar criterios del tipo:

Para mí/nosotros, un buen trabajo es un trabajo en el que:

- Se gana mucho dinero
- Se trabaja en equipo
- Se puede viajar
- Se trabaja al aire libre
- Se tienen muchas vacaciones
- Se hablan otras lenguas

Unidad 4: Mi mundo profesional

4.2: Planes de futuro

Objetivos

Vocabulario:

- Los trabajos y las actividades profesionales temporales
- Las prácticas de trabajo
- Estructuras para expresar planes en el futuro

Gramática:

- El futuro inmediato: ir + a + infinitivo
- Los verbos querer, esperar y soñar

Competencias comunicativas:

- Hablar sobre el futuro inmediato
- Hablar sobre el futuro profesional
- Expresar deseos

1 Mira esta foto y escribe en tu cuaderno una lista, un mapa o un diagrama de todas las palabras, frases e ideas que la foto te sugiera.

2 Habla con tu compañero/a sobre:

- ¿Quién es?
- ¿Has pasado un momento parecido?
- ¿Cuándo?
- ¿En qué está pensando la persona en la foto?

PLANES PARA EL FUTURO

Para hablar sobre planes en el futuro se suelen usar en español tres estructuras básicas:

querer + infinitivo

gustar (en condicional) **+ infinitivo**

ir + a + infinitivo (futuro inmediato)

Ejemplos:

En el futuro **quiero / me gustaría** estudiar la carrera de medicina.

Después de la Universidad **voy a viajar** por todo el mundo.

---

3 Mira las fotos en la página siguiente y relaciónalas con los correspondientes planes.

1. Nos gustaría estudiar en Inglaterra y mejorar nuestro nivel de inglés.
2. Yo quiero ser pianista famosa y tocar en una orquesta sinfónica.
3. Este año voy a viajar alrededor del mundo.
4. Nosotros queremos tener un hijo.
5. A mí me gustaría trabajar como química en un laboratorio.
6. Después del instituto vamos a estudiar en la Universidad.
7. Nosotros vamos a hacer un voluntariado social el próximo verano.
8. Yo voy a ser actor.

Otros verbos y estructuras para expresar planes y sueños en el futuro

esperar + infinitivo
tener la intención de + infinitivo
tener ganas de + infinitivo
mi(s) sueño(s) es/son + infinitivo
soñar con + infinitivo

6 Pista 25 Escucha a estos tres jóvenes hablando sobre sus planes y sueños de futuro y completa el cuadro en tu cuaderno.

	Planes de futuro	Sueños
1		
2		
3		

7 Pista 26 Escucha esta entrevista a una joven estudiante contando su experiencia trabajando como au pair en el extranjero en la radio del instituto. Di si la siguiente información es verdadera o falsa. Si es falsa, escribe la información correcta en tu cuaderno.

1 Carmen ha trabajado como au pair en Francia.
2 Su trabajo como au pair duró seis meses.
3 Carmen organizó su viaje y su estancia por medio de una agencia de viajes.
4 Carmen tenía la responsabilidad de cuidar de dos niños.
5 Carmen tenía que llevar y recoger a los niños del colegio todos los días.
6 Carmen estudió inglés durante su estancia.
7 En su tiempo libre Carmen solía ir a la playa.
8 Carmen opina que su experiencia como au pair ha sido buena.

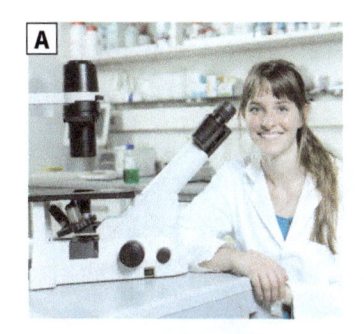

4 Habla del futuro con tu compañero/a. Usa la estructura de futuro:

ir + a + infinitivo

5 ¿Y tú? ¿Qué planes de futuro tienes? ¿Qué te gustaría hacer después del instituto? ¿Vas a estudiar en la Universidad? ¿En qué quieres trabajar? ¿Dónde vas a vivir? ¿Tienes sueños que realizar? En tu cuaderno, escribe un texto contestando a todas estas preguntas. Usa el diccionario y las estructuras para expresar planes.

Unidad 4: Mi mundo profesional

8 Lee este texto. Ponle un título y escribe un pequeño texto en tu cuaderno resumiendo las ideas más importantes.

Ser joven y estudiante no es fácil. Quieres viajar, salir con tus amigos, ir a conciertos, comprar ropa, etc., pero tus padres no pueden darte el dinero necesario para todos tus caprichos. Por eso, una buena manera para ganar un poco de dinero extra es encontrar un trabajo que no te quite mucho tiempo de los estudios. Aquí tienes algunas ideas.

Trabaja para tus padres

Una de las formas más populares entre la gente joven de encontrar su primer empleo es ayudar a los padres a realizar algunas tareas, limpiando la casa regando las plantas, haciendo la compra o lavando el coche. El sueldo no será mucho, pero este tipo de trabajos dan flexibilidad para hacerlos cuando quieras y compaginarlos con otros fuera de tu hogar.

¿Te gustan los niños?

Si es así, cuidar a niños normalmente es una buena manera de ganar dinero si eres joven. El verano es la época ideal para encontrar este tipo de trabajo porque los padres suelen necesitar a alguien que cuide de sus hijos todo el día mientras ellos están fuera de casa trabajando. Cuando termines con tu primera familia, pídeles que hagan una carta de recomendación para ti. De esta manera será más fácil conseguir que otra familia te contrate si ya llevas una recomendación de tu anterior trabajo.

Cuidado de animales y mascotas

Aunque quizás este no sea un trabajo muy convencional, puedes cuidar de las mascotas de otras personas (tus vecinos, por ejemplo) para ganar un dinero extra fácilmente si te gustan los animales. Averigua quién va a irse de vacaciones o simplemente va a estar varias horas fuera de casa, y ofrécete a cuidar de su mascota favorita durante el día o mientras duren sus vacaciones.

Si tienes vocación de profesor, da clases particulares

Esta es una de las mejores formas de ganar dinero siendo joven, y de tener tu primer empleo si eres especialmente bueno en alguna materia escolar o tocando un instrumento. Empieza con precios bajos, por ejemplo unos 5€ la hora. Es mejor tener cuatro clientes que paguen ese precio a tener uno solo al que le cobres 10€.

Gana dinero siendo solidario

Si conoces a alguna persona anciana que necesite ayuda para llevar la compra hasta su casa, arreglar el ordenador u otros trabajos, puedes pedir hacer esto a cambio de un pequeño incentivo y así tener un primer empleo. Intenta mantener una buena relación con esa persona; recuerda que probablemente se sientan solos y les guste pasar tiempo con gente más joven a su alrededor. Cuanto mejor se sientan contigo, más posibilidades habrá de que te paguen más por tus servicios.

Crea un blog o un canal de YouTube

Los blogs con buenos contenidos pueden hacerte ganar dinero poniendo anuncios de afiliados en ellos. Busca empresas que quieran anunciarse en tu blog y pon pequeños *banners* de publicidad en los laterales o enlaces a sus páginas y cada vez que alguien pinche en ellos, tú obtendrás una comisión. En YouTube, si tus vídeos son divertidos o tienen una gran audiencia, también puedes ganar dinero con ellos. Si tienes muchos suscriptores y/o visitas, YouTube muestra antes de cada vídeo un anuncio y, de las ganancias que se generan por ese anuncio, tú recibes una parte.

9 ¿Y tú? ¿Tienes alguna experiencia laboral? Escribe un texto sobre tu experiencia en el mundo del trabajo y qué hacías. Si no has trabajado nunca, escribe un texto sobre qué te gustaría hacer este verano si tuvieras la oportunidad de trabajar.

4.3: Estudios y carreras

Objetivos

Vocabulario:
- Los diferentes tipos de estudios
- Las carreras universitarias
- La formación profesional

Gramática:
- El futuro imperfecto

Competencias comunicativas:
- Hablar sobre el futuro
- Hablar sobre carreras y estudios
- Conocer el sistema educativo

1 Relaciona estas profesiones con sus estudios universitarios. Escribe algunos ejemplos en tu cuaderno usando la estructura: "Para ser ... hay que estudiar ..."

Profesión		Estudios universitarios
1 arquitecto/a	a	Traducción e interpretación
2 médico/a	b	Ciencias Económicas
3 ingeniero/a	c	Ciencias de la Comunicación
4 profesor/a	d	Derecho
5 traductor/a	e	Medicina
6 escultor/a	f	Arquitectura
7 arqueólogo/a	g	Bellas Artes
8 economista	h	Ingeniería
9 abogado/a	i	Ciencias de la Educación
10 periodista	j	Historia

2 ¿Hay trabajos que eran típicamente masculinos o femeninos? Copia el cuadro en tu cuaderno. Complétalo con algunas profesiones, supuestamente para hombres o mujeres, y un ejemplo moderno que muestre un cambio en las actitudes en la sociedad.

Profesiones dichas "de hombres"	Un ejemplo de cambio	Profesiones dichas "de mujeres"	Un ejemplo de cambio
Presidente	Michelle Bachelet, Chile	Enfermera	Hay muchos enfermeros masculinos en la profesión.

Unidad 4: Mi mundo profesional

3 En grupos, haced una selección de las 10 profesiones más importantes para la sociedad. Buscad fotos y haced un póster para presentar en clase.

4 Completa las siguientes frases usando el futuro imperfecto.

1. Si estudias Bellas Artes, ...
2. Si trabajo mucho, ...
3. Si mi hermano no consigue encontrar un trabajo, ...
4. Si mis padres no me ayudan económicamente, ...
5. Si el profesor está enfadado con sus alumnos, ...
6. Si trabajo como policía, ...

5 Lee el texto. Encuentra las palabras que significan lo mismo (sinónimos) que las siguientes palabras:

a las chicas
b cuidar
c el pelo
d trabajador especializado
e el día
f el profesor
g maravillado/a
h opcional

"Girls' day y Boys' day" – un cambio de papeles a la hora de trabajar

Ellas mezclan productos químicos o programan software para ordenadores. Ellos juegan con niños, atienden a ancianos o se cortan mutuamente el cabello. Una realidad gracias al proyecto alemán "Girls' Day y Boys' Day", un proyecto estatal para escolares de las clases 5 a 10 para conocer profesiones con pocos "aprendices" masculinos o femeninos respectivamente.

El objetivo del proyecto, impulsado por los Ministerios Alemánes de Educación e Investigación y el de la Juventud, es despertar el interés por determinadas profesiones y solucionar la problemática de la falta de personal cualificado en determinados sectores.

Informática para muchachas, profesiones sociales para muchachos

En el caso de las chicas, se intenta aproximarlas a sectores como la tecnología, las profesiones manuales y la técnica. Los chicos, en cambio, se acercan a profesiones más sociales y de atención a enfermos y ancianos, es decir, allí donde se buscan personas cualificadas de sexo masculino. Dos ejemplos.

Mark Schneider, un alumno de 13 años de Hiddenhausen, pasó el Boys' Day en un centro juvenil jugando con los niños, poniendo a prueba sus conocimientos de cocina y respondiendo a todas las preguntas de los niños sobre la temperatura de ebullición del agua o las señales de tráfico.

Al final de la jornada, Mark dijo que el día le había gustado mucho, pero que no quería ser maestro.

En el caso de Nele Rosenberger, una alumna de 15 años, el plan sí que tuvo éxito. Junto con otras chicas, Nele se aproximó en el Girls' Day al mundo laboral de la técnica, las ciencias naturales y la tecnología de la información, y junto con otras escolares, aprendió a programar un robot. Quedó tan fascinada con la experiencia que en el nuevo año escolar elegirá la informática como asignatura optativa.

Cambridge IGCSE Spanish as a Foreign Language

RINCÓN CULTURAL

Las escuelas universitarias y la formación profesional

No todas las profesiones necesitan estudios superiores universitarios.

Existen también las escuelas universitarias de grado medio donde se estudian profesiones como enfermero/a, traductor/a, agente de viaje, fisioterapeuta, director/a de hotel, etc.

La formación profesional es el nivel educativo que prepara a los alumnos para una actividad profesional y les capacita para el trabajo cualificado de las distintas profesiones.

Algunas de las profesiones importantes y necesarias que requieren estudios de grado medio en el marco de la formación profesional serían:

cocinero/a, panadero/a, mecánico/a, vendedor/a, jardinero/a, informático/a, contable, electricista, peluquero/a, fisioterapeuta, carpintero/a, secretario/a, recepcionista, policía, militar, etc.

EL FUTURO IMPERFECTO

Para expresar acciones futuras en español, además de la estructura "ir + a + infinitivo", también se usa el futuro imperfecto.

La formación de este tiempo es con el infinitivo del verbo (cantar/beber/escribir) más las terminaciones: -é,-ás,-á, -emos, -éis, án.

Ejemplo:
cantaré, cantarás, cantará, cantaremos, cantaréis, cantarán

Algunos verbos irregulares muy usuales son:

querer → querré, querrás, querrá, querremos, querréis, querrán

decir → diré, dirás, dirá, diremos, diréis, dirán

hacer → haré, harás, hará, haremos, haréis, harán

tener → tendré, tendrás, tendrá, tendremos, tendréis, tendrán

salir → saldré, saldrás, saldrá, saldremos, saldréis, saldrán

El futuro imperfecto se usa para expresar:
- Futuro próximo o lejano:
  La doctora operará al paciente el mes que viene.
  Los bomberos apagarán el fuego en una hora como máximo.
- Acción futura con oraciones condicionales:
  Si hablas con la profesora, ella te cambiará la nota.
  Si practicas mucho, serás un buen jugador de fútbol.

6 Pista 27 Escucha a estos chicos y chicas hablando sobre algunas profesiones. Lee las preguntas y selecciona la opción correcta.

1. Alicia es árbitro de fútbol desde hace …
   a un par de meses
   b unas semanas
   c un año

2. Alicia es árbitro de fútbol pero no le gusta …
   a tener que viajar todos los domingos
   b jugar al fútbol
   c ver partidos de fútbol en la tele

3. A Alicia le gustaría …
   a arbitrar en la liga masculina
   b dedicarse profesionalmente al arbitraje
   c ganar un poco más de dinero

4. Jesús trabaja como ..
   a asesor de jóvenes con problemas
   b cuidador de niños
   c cuidador de ancianos que viven solos

5. Jesús termina su trabajo con los mayores…
   a a la hora de cenar
   b cuando se va a la universidad
   c cuando los familiares llegan

6. Jesús piensa que su trabajo …
   a recibe un buen salario
   b le ayuda a desarrollarse profesionalmente
   c es muy duro y complicado

7. A Claudia le gusta repartir periódicos …
   a pero no le gusta el salario
   b porque es un trabajo fácil
   c aunque haga buen o mal tiempo

8. Claudia trabaja …
   a solo un par de domingos al mes
   b todos los domingos del mes
   c solo un domingo al mes

9. Durante las pausas, Claudia …
   a puede leer el periódico sin que la molesten
   b puede leer el periódico sin comprarlo
   c puede leer varios periódicos

7 En parejas, elegid a una persona de la actividad anterior y preparad una entrevista.

Unidad 4: Mi mundo profesional

4.4: La comunicación

Objetivos

Vocabulario:

- Los diferentes tipos de comunicación en el trabajo
- Estructuras para comunicarse por teléfono
- Vocabulario y estructura de una carta formal

Gramática:

- El estilo directo e indirecto
- La correlación de los tiempos en el estilo indirecto

Competencias comunicativas:

- Mantener una conversación telefónica
- Redactar cartas formales

Conversaciones telefónicas

1 Mira la foto y elige una opción.

1 ¿Qué está haciendo esta chica?
   a está colgando el teléfono
   b está hablando por teléfono
   c está marcando un número de teléfono

2 ¿Qué tipo de teléfono está usando?
   a un teléfono móvil
   b un teléfono fijo
   c un teléfono inalámbrico

3 ¿Qué tipo de llamada está realizando?
   a una llamada formal
   b una llamada privada
   c una llamada profesional

4 ¿A quién ha llamado?
   a a un/a amigo/a
   b a un/a compañero/a de clase
   c a un/a profesor/a

2 Compara tus respuestas con las de tus compañeros/as y comentad algunos temas como:

- ¿Te gusta hablar por teléfono?
- ¿Es práctico tener y llevar un móvil?
- ¿En tu país se puede llamar por teléfono más tarde de las 22 h.?
- ¿Tienes algún tipo de límite/control de tus padres para hablar por teléfono?
- ¿Llamarías por teléfono a un/a profesor/a?

3 Lee estas tres conversaciones telefónicas e identifica las expresiones básicas que se necesitan para hacer una llamada y hablar por teléfono.

1 A ¿Dígame?
    B Hola. Soy Mariano. ¿Está María?
    A Ahora mismo no puede ponerse, está en la ducha.
    B No pasa nada. Llamo un poco más tarde.
    A De acuerdo. Adiós.
    B Adiós.

2
- A ¿Diga?
- B Buenas tardes. ¿Puedo hablar con Luis?
- A Sí, un momento. ¿De parte de quién?
- B De Carlos. Llamo de la agencia de viajes.
- A ¡Luis! Una llamada para ti …

3
- A Instituto de la Juventud. ¿En qué puedo ayudarle?
- B Buenas tardes. ¿Podría hablar con la Sra. López?
- A Lo siento pero en estos momentos está ocupada. ¿Quiere dejarle un mensaje?
- B Sí. Dígale por favor que ha llamado María Román y que no voy a poder participar en el evento deportivo del domingo.
- A Muy bien. Se lo diré de su parte.
- B Muchas gracias. Adiós.

4 🔊 **Pista 28** Escucha esta conversación telefónica. Elige la respuesta correcta.

1 El Sr. Martín llama por teléfono a Claudia para …
  a pedirle unos documentos
  b pedirle unas fotos
  c preguntarle por sus notas

2 El Sr. Martín habla con …
  a Claudia
  b su madre
  c su hermana

3 Claudia no está en casa porque …
  a está haciendo deporte
  b está en casa de una amiga
  c está en el instituto

4 Los planes de Claudia en verano son …
  a viajar con sus padres a Costa Rica
  b trabajar como au pair en Francia
  c hacer un curso de inglés en Inglaterra

5 La madre de Claudia pregunta …
  a si es un tema muy urgente
  b si Claudia puede llamar al Sr. Martín
  c si volverá a llamar más tarde

6 El Sr. Martín dice que …
  a va a contactar con Claudia por correo electrónico
  b le va a mandar un mensaje a Claudia
  c va a llamar de nuevo a Claudia

EL ESTILO DIRECTO E INDIRECTO

Con el estilo directo (ED) reproducimos un mensaje como se ha dicho, con comillas "…" y después de dos puntos. El profesor dijo: *"Todos los alumnos deben leer el texto de la página 25"*.

Con el estilo indirecto (EI) reproducimos un mensaje con nuestras propias palabras, sin comillas y con la conjunción **que**. El profesor dijo que *todos los alumnos debían leer el texto de la página 25*.

Al cambiar de estilo directo a estilo indirecto (ED) → (EI) pueden cambiar también los tiempos verbales y otros elementos.

(ED) El profesor dijo: "Mis alumnos son todos los que están en esta clase".

(EI) El profesor dijo que **sus** alumnos **eran** todos los que **estaban** en **esa** clase.

CAMBIOS VERBALES DE ESTILO DIRECTO (ED) A ESTILO INDIRECTO (EI)

Estilo directo (ED)	Estilo indirecto (EI)
Carlos: "**Tengo** una bicicleta"	Carlos dijo que **tenía** una bicicleta.
Carlos: "Con 6 años **tenía** una bicicleta"	Carlos dijo que con 6 años **tenía** una bicicleta.
Carlos: "Ya **he comprado** la bicicleta"	Carlos dijo que ya **había comprado** la bicicleta.
Carlos: "Ayer **compré** una bicicleta"	Carlos dijo que ayer **compró** una bicicleta.
Carlos: "**Voy a comprar** una bicicleta"	Carlos dijo que **iba a comprar** una bicicleta.
Carlos: "**Compraré** una bicicleta"	Carlos dijo que **compraría** una bicicleta.

5 Copia el cuadro en tu cuaderno. Complétalo con el nombre de los tiempos verbales (ED → EI). Toma como referencia los ejemplos del cuadro del estilo directo/indirecto.

Estilo directo (ED)	Estilo indirecto (EI)
(tengo) Presente	*(tenía)* Imperfecto

Unidad 4: Mi mundo profesional

6 Lee estas notas con mensajes y escribe en tu cuaderno las palabras exactas (ED) que las personas han usado.

> Carlos, te ha llamado María. Dijo que estábamos invitados a su fiesta de cumpleaños y que no teníamos que llevar nada porque ella ya había comprado bebidas y comida.
>
> Luisa

Ejemplo:

María: "Estáis invitados a mi fiesta de cumpleaños. No tenéis que traer nada porque ya he comprado bebidas y comidas".

> **1** Ayer hablé con Carmen. Me dijo que necesitaba tu ordenador porque el suyo no funcionaba. Dijo que vendría el martes para recogerlo.
>
> Mike

> **2** El sábado llamó la Sra. Ramiro de la tienda de ropas. Me dijo que habías reservado por internet una chaqueta de cuero y que ya podías ir a recogerla.
>
> Raquel

> **3** Ayer le comenté a tu hermana María lo del regalo para papá. Me dijo que estaba de acuerdo en regalarle una corbata y que ella la iba a comprar porque su amiga Rosa trabaja en una tienda de moda para hombres.
>
> Mamá

7 Preparad y practicad estos diálogos en parejas. Un alumno es A y el otro es B. Usa todas las expresiones aprendidas para tener una conversación telefónica.

Situación 1

Estudiante A

Estás a punto de terminar tus estudios en el instituto.

Llamas por teléfono a la universidad para preguntar por las fechas y horas de las sesiones informativas sobre estudios y carreras.

Estudiante B

Trabajas en la universidad como responsable del departamento de información al estudiante.

Vas a dar información sobre las fechas y horarios de las sesiones informativas sobre estudios y carreras.

Situación 2

Estudiante A

Llamas por teléfono a un/a amigo/a para ir al cine.

Haz algunas propuestas alternativas.

Estudiante B

Un/a amigo/a te llama para ir al cine.

La película que te propone ya la has visto.

Acepta otras propuestas.

Situación 3

Estudiante A

Llamas por teléfono a la cafetería donde estás haciendo prácticas porque estás enfermo/a.

Explica qué te pasa.

Estudiante B

Eres el jefe de una cafetería y uno de los jóvenes en prácticas te llama.

Dale un par de consejos para que se sienta mejor.

Cambridge IGCSE Spanish as a Foreign Language

Cartas formales

8 Ordena todas las partes de este documento.

Vigo, 14 de septiembre de 2016

Estimada Sra. Trueba:

Atentamente

Raúl Luna García

Mi nombre es Raúl Luna García, tengo 18 años y acabo de terminar mis estudios de educación secundaria. Hablo inglés perfectamente porque mi madre es norteamericana y, además, he estudiado alemán y francés en el instituto.

Raúl Luna García
Avenida del Sol, 26
36310 Vigo
raluga@mail.es

Café Monka
C/ Montaña, 71
15003 La Coruña

Por todo lo expuesto anteriormente, les escribo esta carta para presentarme y mostrar mi interés para un posible puesto de trabajo a tiempo parcial durante las vacaciones de Navidad.

Aunque todavía no tengo mucha experiencia laboral, soy una persona muy trabajadora y responsable y el verano pasado trabajé algunas horas como ayudante de cocina en un restaurante de Vigo, propiedad de unos amigos de mis padres.

---

9 Contesta en tu cuaderno a las siguientes preguntas:
1. ¿Qué tipo de documento es?
2. ¿Quién lo escribe?
3. ¿A quién va dirigido?
4. ¿Dónde se encuentra la cafetería?
5. ¿Cuál es el objetivo del documento?

CONSEJO

Cartas formales

Hablamos y/o escribimos en un registro formal cuando no tenemos con la otra persona una relación de amistad, igualdad o confianza. Por eso, es importante recordar algunas normas como:

- usar **usted** o **ustedes**, los pronombres **le/les** y los posesivos **su/sus**
- cuidar mucho el vocabulario y la gramática, para no usar expresiones informales.

Para escribir correctamente una carta formal es importante:

1. respetar la estructura:
   - a **Encabezado:** dirección del remitente y del destinatario, fecha, asunto
   - b **Saludo:** breve saludo con estructuras formales
   - c **Cuerpo:** desarrollo del contenido de la carta
   - d **Despedida:** breve despedida con estructuras formales
   - e **Nombre y firma** del remitente
2. ser breve y claro
3. ordenar bien las ideas
4. usar estructuras y conectores

Saludos: Muy señor mío, Muy señores míos, Estimados señores, Estimado/a Sr./Sra. López

Despedidas: Atentamente, Saludos cordiales, Sin otro particular, me despido atentamente.

Estructuras: Me gustaría/Querría preguntarle/pedirle/solicitarle.

Conectores: Sin embargo, por consiguiente, con el fin de, en referencia a, en cuanto a, etc.

---

10 Lee de nuevo la carta de la actividad 1. Ordena los elementos del cuadro y señala a qué parte de la carta pertenecen.

Saludo	Remitente
Destinatario	Despedida
Firma	Cuerpo
Fecha	

Unidad 4: Mi mundo profesional

11 Lee esta carta y contesta a las siguientes preguntas.

1. ¿Quién es el destinatario?
2. ¿Quién es el remitente?
3. ¿Qué afición musical tiene María Luisa?
4. ¿Cuáles son los puntos fuertes de María Luisa?
5. ¿Con qué tipo de personas ha trabajado María Luisa como voluntaria?
6. ¿Para qué estación del año solicita María Luisa las prácticas?

María Luisa Rico
C/ Madrileños 12
41003 Sevilla

Viajes Kayac
C/ Luis del Mar 78
41015 Sevilla

Sevilla, 29 de mayo de 2016

Estimados señores:

Mi nombre es María Luisa y estudio en un instituto internacional de Sevilla. Mis aficiones son el deporte y la música. Juego al fútbol en un equipo femenino y soy miembro de un coro.

En cuanto a mis cualidades positivas, hablo inglés y francés y me considero una persona muy sociable y comunicativa. También me encantan los viajes y tratar con las personas. He pasado dos meses en Marruecos trabajando como voluntaria en una organización de profesores que enseñan a personas analfabetas.

De acuerdo con las normas del centro en el que estudio, los estudiantes podemos realizar prácticas en empresas e instituciones con el fin de enriquecer nuestra formación y, al mismo tiempo, ir descubriendo de primera mano el mundo del trabajo.

Por esta razón les ecribo esta carta y me gustaría solicitar, en su agencia de viajes, un período de prácticas de un mes y medio durante las vacaciones de verano.

Para cualquier pregunta, pueden llamarme al 2675439 o escribirme a la dirección de correo electrónico malu@gmail.es

Atentamente

MªLuisa Rico

María Luisa Rico

---

12 Quieres trabajar como animador/a turístico/a en un hotel. En tu cuaderno, escribe una carta al Director/a del hotel (150–200 palabras) en la que debes:
- presentarte
- contar tu experiencia laboral
- explicarle los motivos de tu carta

Cambridge IGCSE Spanish as a Foreign Language

4.5: Entrevistas de trabajo

Objetivos

Vocabulario:

- El currículum (CV) – partes y estructura
- Vocabulario básico en las entrevistas de trabajo
- Reglas y recomendaciones para una entrevista

Gramática:

- El presente de subjuntivo

Competencias comunicativas:

- Redactar un currículum y una carta de presentación
- Realizar una entrevista de trabajo
- Hacer recomendaciones y dar consejos

1 Mira esta foto y contesta por escrito en tu cuaderno a las siguientes preguntas:
¿Quiénes son las personas que aparecen?, ¿dónde crees que están?, ¿de qué están hablando?, ¿qué crees que están haciendo?

2 Lee este currículum vitae y escribe en tu cuaderno el nombre de sus apartados. Usa la información del cuadro.

Experiencia profesional	Capacidades y habilidades
Datos personales	Aficiones
Formación académica	Idiomas

Natalia Ramiro Martínez

1.
   - Nombre: Natalia
   - Apellidos: Ramiro Martínez
   - Lugar y fecha de nacimiento: Rosario (Argentina). 26 de abril de 1999.
   - Dirección: Avenida del Peral, número 176.
   - Correo electrónico: natalia2000@yahoo.arg

2.
   - 2005–2013 Colegio Nacional La Paz
   - 2013–2017 Instituto Público de Rosario

3.
   - Comunicativa
   - Responsable
   - Entender los problemas de otras personas
   - Puntual y ordenada

4.
   - Camarera en la cafetería Luz (un mes)
   - Clases particulares de francés (veranos)

5.
   - Español (lengua materna)
   - Francés (nivel alto B2)
   - Inglés (nivel básico A1)

6.
   - La música. Tocar el piano.
   - Los deportes. Jugar al tenis.

Unidad 4: Mi mundo profesional

> **!** **CONSEJO**
>
> **El currículum vitae (CV)**
>
> El currículum (del latín curriculum vitae, el recorrido de tu vida) es un documento fundamental para **captar la atención de la persona que nos va a seleccionar para un trabajo, unas prácticas, etc**. y pasar al segundo paso del proceso de selección que es la entrevista de trabajo.
>
> Como muchas personas jóvenes **carecen de experiencia previa** en el mercado laboral, es muy importante que en un currículum sin experiencia destaques y hagas hincapié en tus estudios y en tus **habilidades y capacidades**, a fin de distinguirte del resto de candidatos y aumentar tus posibilidades de ser seleccionado/a. Para ello, puedes adjuntar referencias de profesores o tutores de prácticas con los que hayas estudiado o colaborado, para aportar veracidad y credibilidad a tu currículum.
>
> Una buena idea para completar tu **currículum si no tienes experiencia** es incluir una carta de presentación en la que hables bien y sin mentir sobre ti, sobre tus habilidades y capacidades, y en la que fundamentes tu **interés** por conseguir el puesto de trabajo o las prácticas que solicitas.

Mi nombre es Luciano y tengo 18 años. Mis amigos dicen de mí que soy un chico muy sincero, honesto y que siempre estoy preparado para ayudar a los demás. Me gusta hablar y tratar con la gente y no me gusta la soledad.

Nunca he trabajado pero no soy para nada perezoso. Me encantaría trabajar y ganar un poco de dinero para ahorrar y comprar una guitarra nueva.

Hola. Tengo 16 años y me llamo Pedro. Mis cualidades principales serían la paciencia y mi capacidad de concentración. Si me gusta lo que estoy haciendo, puedo estar horas y horas sentado trabajando y no me doy cuenta del tiempo que ha pasado. Para preparar los exámenes es genial.

También sé tocar la guitarra y tengo un gran sentido del humor.

Hasta ahora solo he trabajado dando clases particulares a niños.

3 Lee las siguientes presentaciones de estos tres jóvenes. En grupos, buscad una profesión en la que cada uno de ellos podría trabajar. Argumentad vuestras opiniones.

4 Siguiendo los modelos de las actividades anteriores, escribe en tu cuaderno tu currículum vitae y una breve carta de presentación.

5 **Pista 29** Escucha esta conversación y completa la ficha en tu cuaderno.

Hola. Me llamo Sofía y tengo 17 años. Entre mis habilidades y puntos fuertes yo diría que soy una persona muy activa, solidaria y muy comprometida con la ecología y los problemas ambientales. Por eso, después de las clases, coopero con una asociación que organiza eventos y acciones para concienciar a la gente sobre la protección de la naturaleza.

También colaboro regularmente con la organización infantil UNICEF y el verano pasado trabajé como voluntaria en un campamento organizado para niños y niñas cuyas familias no tienen dinero para irse de vacaciones.

Nombre:

Apellidos:

Edad:

Dirección:

Experiencia profesional:

Lenguas/Idiomas:

Teléfono de contacto:

Correo electrónico:

EL PRESENTE DE SUBJUNTIVO

Las tres conjugaciones verbales (-ar,-er,-ir) forman el presente de subjuntivo regular intercambiando las vocales características; es decir, los verbos en –ar toman la –e y los verbos en -er,-ir toman la –a.

	trabajar	comer	vivir
yo	trabaj-e	com-a	viv-a
tú	trabaj-es	com-as	viv-as
usted, él, ella	trabaj-e	com-a	viv-a
nosotros/as	trabaj-emos	com-amos	viv-amos
vosotros/as	trabaj-éis	com-áis	viv-áis
ustedes, ellos, ellas	trabaj-en	com-an	viv-an

Algunos verbos irregulares:

Tener: tenga, tengas, tenga, tengamos, tengáis, tengan

Ir: vaya, vayas, vaya, vayamos, vayáis, vayan

Hacer: haga, hagas, haga, hagamos, hagáis, hagan

Ser: sea, seas, sea, seamos, seáis, sean

Estar: esté, estés, esté, estemos, estéis, estén

El presente de subjuntivo, entre otros muchos usos, se usa para:

- **Expresar probabilidad** con adverbios como quizá(s), tal vez, posiblemente, probablemente.
  Quizás estudie Medicina en la Universidad.
- **Expresar/Dar una opinión negativa**
  No creo que estudie Medicina. Voy a estudiar Psicología.
  No pienso que el trabajo sea lo más importante en la vida.
- **Hacer recomendaciones, dar consejos y dar una opinión con la estructura "es + adjetivo + que ..."**
  (importante/fundamental/interesante/bueno/mejor/interesante, etc.)
  En una entrevista de trabajo **es importante que** el/la candidato/a muestre interés por el trabajo.
  Es fundamental que el/la candidato/a hable inglés.

Consejos prácticos para padres con hijos adolescentes buscando un empleo

Buscar un trabajo o solicitar unas prácticas puede ser una misión complicada para los adolescentes porque tienen muy poca o ninguna experiencia laboral. Además, el proceso se vuelve especialmente difícil cuando no conocen la etiqueta requerida para hacer llamadas o para ir a entrevistas. Por ello, ayudar a tu hijo/a para que aprenda a comportarse correctamente durante una entrevista de trabajo puede aumentar sus posibilidades de conseguirlo.

El currículum

Revisa con tu hijo/a su currículum y su carta de presentación para encontrar posibles errores gramaticales o de escritura.

Asegúrate de que tu hijo/a tenga una dirección de email que suene profesional y que tenga un saludo de mensajes corto y educado en su teléfono móvil.

Presentación

Enseña a tu hijo/a a presentarse y practica con él/ella cómo conversar de manera formal. Explícale que debe saludar a todos con los que hable y darles la mano.

Dale algunos consejos sobre cómo vestirse de manera adecuada para las entrevistas laborales y recomiéndale que salga de 10 a 15 minutos antes de la hora necesaria para tener tiempo por si surgen imprevistos.

Recuérdale que debe apagar el teléfono móvil antes de la entrevista.

Durante la entrevista

Anima a tu hijo/a a esperar a que el entrevistador le indique dónde sentarse.

Instrúyelo/a para que preste mucha atención a su postura y lenguaje corporal. Moverse mucho transmite una imagen de nerviosismo y sentarse levemente hacia adelante, con las piernas cruzadas, muestra seriedad en la entrevista e interés en lo que está diciendo el entrevistador.

Aconséjale que escuche atentamente y que responda a cada pregunta que se le haga con respuestas pensadas que destaquen sus intereses relevantes y sus aptitudes. Igualmente, prepara con tu hijo/a un par de preguntas sobre las funciones a desempeñar o la empresa. Esto demostrará su interés por el puesto.

Unidad 4: Mi mundo profesional

6 Lee el texto anterior y di si la siguiente información es verdadera o falsa. Si es falsa, escribe en tu cuaderno la respuesta correcta.

1. Es importante que los padres escriban un buen currículum vitae para sus hijos.
2. La puntualidad es fundamental.
3. Es recomendable que el/la candidato/a se vista con ropa elegante.
4. La forma de sentarse refleja nerviosismo.
5. Es importante que el/la candidato/a mantenga una actitud formal durante la entrevista.
6. Es bueno que el/la candidato/a no haga preguntas.

7 ¿Estás de acuerdo con las recomendaciones de las que habla el texto anterior? En tu cuaderno, escribe un pequeño texto con tu opinión sobre el tema. Usa el presente de subjuntivo. Estas opiniones te servirán para la siguiente actividad de trabajo colaborativo.

8 En grupos, elaborad un póster con las "10 reglas de oro" para hacer una entrevista de trabajo. Usad el presente de subjuntivo con expresiones del tipo "es + adjetivo + que …".

9 Lee estos anuncios. Escribe y representa con uno de tus compañeros una entrevista de trabajo para obtener los puestos que se ofrecen. Usad un tono formal.

ESCUELA DE VERANO

Necesita

un/a profesor/a por horas

para dar clases particulares de Matemáticas e Inglés a niños de 7 a 10 años.

Teléfono de contacto: 194 370980

Personas de contacto:

Sr. Romero

Sra. Míguez

Empresa del sector de la información

busca

REPARTIDOR/A de publicidad

Requisitos:

- Tener una bicicleta
- Poder trabajar los fines de semana
- Tener un horario flexible

Interesados contactad con el Señor Molina mandando un correo electrónico a la siguiente dirección:

publimarket@info.net

4.6: El dinero y el trabajo

Objetivos

Vocabulario:
- Las monedas del mundo
- Los anuncios y ofertas de trabajo
- La riqueza y la pobreza en el mundo

Gramática:
- Repaso del pasado

Competencias comunicativas:
- Solicitar un trabajo adecuado a nuestras necesidades
- Conocer algunos datos sobre la riqueza y la pobreza en el mundo y poder hablar sobre ella

2 Contesta en tu cuaderno a las preguntas de este cuestionario.

CUESTIONARIO SOBRE EL DINERO Y TUS GASTOS

1. ¿Es el dinero muy importante para ti?
2. ¿Por qué?
3. ¿Cuánto dinero necesitas a la semana?
4. ¿En qué lo gastas?
5. ¿Recibes una paga semanal o mensual de tus padres?
6. ¿Cuánto dinero recibes de paga?
7. ¿Te parece suficiente?
8. Si no recibes paga, ¿cómo consigues el dinero que necesitas?
9. ¿Qué haces para ganar un poco de dinero?
10. Si tuvieras mucho dinero, ¿qué harías con él?

1 Monedas del mundo. Relaciona el nombre del país con su moneda.

1	Libra esterlina	a	Dinamarca
2	Yen	b	Marruecos
3	Corona	c	Camerún
4	Dirham	d	Brasil
5	Dólar	e	Japón
6	Rublo	f	España
7	Euro	g	Argentina
8	Peso	h	Reino Unido
9	Franco	i	Estados Unidos
10	Real	j	Rusia

Unidad 4: Mi mundo profesional

3 Lee este texto. Contesta a las preguntas.

1. ¿Qué es el "Global Monitoring Report"?
2. ¿Qué personas pertenecen al grupo de la pobreza extrema?
3. ¿Qué porcentaje de los habitantes del mundo se encuentran en esta situación?
4. ¿Qué dos causas principales dificultan el final de la pobreza extrema?
5. ¿En qué parte del mundo se encuentra la mayoría de los países más pobres?

LA POBREZA EN EL MUNDO

702 millones de personas viven en condiciones de extrema pobreza en el mundo, lo que representa el 9,6% de la población mundial, según el informe 'Global Monitoring Report' elaborado por el Banco Mundial y el Fondo Monetario Internacional (FMI).

Para el Banco Mundial se encuentran en esta situación de extrema pobreza todas las personas que subsisten con menos de 1,90 dólares al día (1,6 euros), situación que en 1990 afectaba al 37% de la población mundial, 1.900 millones de personas.

El presidente del Banco Mundial afirmó durante el acto de la presentación del informe anteriormente citado que "somos la primera generación de la historia de la humanidad que puede poner fin a la pobreza extrema", pero advirtió que el objetivo de acabar con la pobreza extrema todavía está muy lejos debido, sobre todo, al lento crecimiento de la economía mundial y al hecho de que muchas de las personas pobres en el mundo viven en estados frágiles y afectados por conflictos políticos, económicos y bélicos.

Entre los países más pobres del mundo, desafortunadamente todos en el continente africano, se encuentran Níger, Eritrea, Malí y Somalía.

4 Habla con tu compañero/a y escribe en tu cuaderno una lista con los cinco países que consideráis los más ricos del mundo. Comparad vuestras listas con las de otros compañeros/as. Comprobad vuestras hipótesis en internet.

5 Pista 30 Escucha a estos jóvenes hablando sobre sus métodos para conseguir dinero. Copia y completa el cuadro en tu cuaderno.

	¿Cómo gana el dinero?	¿Cuánto?
1		
2		
3		
4		
5		

6 Prepara una presentación oral de unos 5 minutos sobre la pobreza, la riqueza y el dinero. Organiza por escrito la presentación según las respuestas del cuestionario de la actividad 2, la realidad del mundo y tu opinión personal sobre el tema.

Buscando trabajo

7 Lee estas ofertas de empleo para jóvenes y completa las fichas en tu cuaderno.

A

Tienda de moda necesita un/una

Dependiente/a

Buscamos: Dependiente de ropa juvenil para trabajar por horas los fines de semana.

La oferta, en principio, es para dos meses, con posibilidad de ampliarla a seis meses. La retribución económica es de 12 euros la hora.

Se valorará la experiencia en el sector y los conocimientos de inglés.

Interesados/as, mandad por favor a la atención del Jefe de Personal de nuestra tienda una carta de presentación y CV a:

Modas Princesa
C/ Luis del Olmo, 25
Barcelona

B

Empresa del sector publicitario busca
Encuestador/a
para encuestas telefónicas sobre hábitos de consumo.

Requisitos: Joven de 16–20 años.
Buen comunicador/a.
Tiempo libre por las tardes y fines de semana.
Buen conocimiento de español, inglés y/o francés.
Honorarios: 5 euros por encuesta realizada.
Interesados, pónganse en contacto con el
Sr. Puerta y llamen al 923 56678 o envíen un correo electrónico con su CV a la dirección:
info@encuestas.com

C

Cásting
para una serie de televisión.

Productora de televisión necesita actores/actrices jóvenes con las siguientes características y habilidades:
- ✓ Edad entre 15–22 años.
- ✓ Fotogénico/a
- ✓ Dotes interpretativas
- ✓ Divertido/a
- ✓ No se requiere experiencia como actor/actriz.

Los interesados/as deberán mandar una carta de presentación con foto a la siguiente dirección:
ProductoraTV@casting.es

A
Anunciante:
Trabajo/Empleo/Puesto:
Tipo de persona:
Requisitos:
Honorario:
Teléfono/Dirección de contacto:
Persona de contacto:

B
Anunciante:
Trabajo/Empleo/Puesto:
Tipo de persona:
Requisitos:
Honorario:
Teléfono/Dirección de contacto:
Persona de contacto:

C
Anunciante:
Trabajo/Empleo/Puesto:
Tipo de persona:
Requisitos:
Honorario:
Teléfono/Dirección de contacto:
Persona de contacto:

8 **Pista 31** Escucha esta conversación telefónica. ¿A qué anuncio de la actividad 7 hace referencia? Escribe en tu cuaderno las palabras e información clave que ayudan a saberlo.

Unidad 4: Mi mundo profesional

9 Lee estas respuestas y relaciónalas con la pregunta adecuada en tu cuaderno.

a   Me llamo Anna, tengo 15 años y soy suiza. Estudio en la Escuela Internacional de la Paz. Vivo en Colonia, una ciudad en Alemania cerca de Düsseldorf y Bonn. Vivo allí desde hace cinco años. Me gusta mucho vivir en Colonia porque es una ciudad histórica, internacional y con mucha actividad cultural. Hablo alemán, inglés y estoy estudiando español.

b   Yo soy una persona positiva y bastante dinámica. Me gusta trabajar en equipo y soy bastante colaborativa. También soy responsable y abierta, aunque a veces puedo ser un poco impaciente.

c   Me gustan mucho los animales y hacer deporte, sobre todo jugar al fútbol. Juego en un equipo los domingos. También me gusta salir con mis amigos, ir al cine y chatear por internet.

d   Soy alumna de la Escuela Internacional de la Paz, un colegio internacional y mixto que tiene unos quinientos alumnos de muchas nacionalidades diferentes. Mis asignaturas favoritas son el español y el arte, porque soy bastante creativa. No me gustan las ciencias porque son complicadas.

e   El verano pasado, en julio, hice unas prácticas y trabajé en una escuela primaria. Las prácticas duraron dos semanas. Tenía que jugar con los niños durante el recreo y preparar actividades, juegos y canciones para sus clases de español. Me encantó trabajar con niños. Fue una experiencia muy positiva.

f   No sé exactamente qué pero voy a seguir estudiando. Me gustaría hacer el bachillerato en inglés y después quiero ir a la universidad o encontrar un trabajo en Alemania. Me gustaría ser doctora o veterinaria. También me gustaría viajar y visitar muchos países.

1   ¿Cómo es tu colegio?
2   ¿Cuáles son tus intereses y aficiones?
3   ¿Podrías hablarme un poco sobre ti?
4   ¿Cómo es tu carácter?
5   ¿Qué experiencia laboral tienes?
6   ¿Qué planes tienes para el futuro?

10 No quieres pedirle más dinero a tus padres y has tomado la decisión de buscar un empleo a tiempo parcial. Para ello, vas a tener que:

- Elegir uno de los anuncios de trabajo de la actividad 7
- Escribir una carta y un currículum para conseguir el empleo
- Hacer una entrevista de trabajo con uno de tus compañeros.

¡Mucha suerte!

Repasa

1 Lee este texto e indica si las afirmaciones posteriores son verdaderas o falsas.

Las profesiones más populares de Rusia

En los últimos 15 años las preferencias laborales en Rusia han cambiado considerablemente. Si antes eran los ingenieros los que tenían gran prestigio social, en los años 90 las carreras humanísticas eran las más demandadas. En la actualidad abogados, médicos y economistas son las profesiones preferidas por los jóvenes rusos.

Según una encuesta del departamento de sociología de la Universidad Nacional de Investigación de la Escuela Superior de Economía de Moscú, la opinión de los padres rusos sobre qué profesión prefieren para sus hijos en el futuro es muy clara. Las tres profesiones seleccionadas por los padres, curiosamente, corresponden con las tres profesiones más populares anteriormente citadas. En las mayores ciudades de Rusia, según explica este departamento, profesiones como científico, ingeniero, empresario, programador informático y traductor también se consideran prestigiosas. Por el contrario, profesiones más humanísticas y creativas como profesor, artista, diseñador o arquitecto no son del agrado de los padres, debido a la dificultad para encontrar trabajo y a la inestabilidad económica.

Pero, ¿qué piensan los jóvenes?

El portal de selección de personal Superjob.ru ha analizado las preferencias de los estudiantes de los últimos cursos y explica que estos escogen su profesión partiendo de dos criterios clave: los ingresos y la posibilidad de hacer carrera rápida y fácilmente. Otras características como el prestigio, el estatus social, la autorrealización y la posibilidad de ayudar a los demás tienen, para sólo un 10 por ciento de los estudiantes graduados, un valor importante.

A Los gustos sobre las profesiones más populares y menos populares siguen siendo los mismos desde hace muchos años.

B Medicina es actualmente una de las carreras favoritas entre los jóvenes rusos.

C Los padres rusos no están seguros a la hora de preferir una profesión u otra para sus hijos.

D La opinión de los padres es básicamente la misma que la de los jóvenes en cuanto a la preferencia por una profesión u otra.

E Las profesiones más creativas no son las favoritas.

F Los dos criterios más importantes para elegir una profesión son el salario y la posibilidad de viajar.

2 Representa una de estas dos situaciones con tu profesor/a o con tu compañero/a.

A

Estás buscando trabajo para las vacaciones de verano y llamas por teléfono a una tienda de ropa.

Empleado/a: "Moda Juvenil", ¿dígame?

Estudiante: Saluda y preséntate.

Empleado/a: ¿En qué puedo ayudarle?

Estudiante: Explica para qué llamas.

Empleado/a: ¿Cuántos años tiene?

Estudiante: Dile tu edad.

Unidad 4: Mi mundo profesional

Empleado/a:	¿Ha trabajado antes como vendedor(a) de ropa?
Estudiante:	Dile algo sobre tu experiencia.
Empleado/a:	Bueno, el puesto que ofrecemos es solo para los fines de semana.
Estudiante:	Muestra acuerdo y explica por qué trabajar los sábados está bien para ti.
Empleado/a:	Perfecto. ¿Tiene alguna pregunta?
Estudiante:	Pregunta sobre el salario.
Empleado/a:	Nosotros solemos pagar 10 euros la hora. ¿Cuándo podría empezar?
Estudiante:	Contesta a la pregunta.
Empleado/a:	Muy bien. Gracias por su llamada.
Estudiante:	Despídete.

B

Estás buscando trabajo para las vacaciones de verano y llamas por teléfono a un restaurante por un anuncio que viste en el periódico.

Empleado/a:	"Restaurante Taza de Oro". ¿En qué puedo ayudarle?
Estudiante:	Preséntate y explica para qué llamas.
Empleado/a:	¿Tiene experiencia de trabajo en este sector?
Estudiante:	Dile algo sobre tu experiencia.
Empleado/a:	¿Qué lenguas habla?
Estudiante:	Dile las lenguas que hablas.
Empleado/a:	Muy bien. El puesto que ofrecemos es de camarero y solo los fines de semana.
Estudiante:	Pregunta por el horario de trabajo.
Empleado/a:	El trabajo es de 9 de la mañana a 4 del mediodía.
Estudiante:	Pregunta algo sobre tus funciones en el restaurante.
Empleado/a:	Básicamente, debe servir las mesas y ser amable con los clientes.
Estudiante:	Coméntale tu interés y pregunta cuándo puedes empezar.
Empleado/a:	¿Podría empezar el próximo sábado?
Estudiante:	Muestra acuerdo y despídete.

> **VOCABULARIO**
>
> Usa las listas de vocabulario
> al final del libro para repasar cada tema

Cambridge IGCSE Spanish as a Foreign Language

Unidad 5: El mundo que nos rodea

Introducción

El planeta Tierra es maravilloso. Todos tenemos derecho a disfrutar de él pero también tenemos la responsabilidad de cuidarlo. Por desgracia hoy en día hay muchos problemas que afectan a los ríos, los mares, los bosques, las especies animales y la atmósfera. Algunas de las cosas que hacemos cada día pueden afectar al medio ambiente. Afortunadamente hay muchos cambios que podemos hacer en nuestras rutinas diarias para cuidar nuestro planeta. ¿Conoces los problemas que afectan al medio ambiente? ¿Qué haces para ayudar?

5.1: El estado del planeta

Objetivos

Vocabulario:

- Medio ambiente
- Problemas medioambientales

Gramática:

- Adjetivos indefinidos
- Oraciones exclamativas

Competencias comunicativas:

- Expresar opiniones sobre el medio ambiente
- Reaccionar a las opiniones de los demás

La deforestación

La contaminación del agua

La sequía

El calentamiento global

Los animales en peligro de extinción

1 Habla con tu compañero/a y decide cuáles de los siguientes problemas medioambientales afectan a la región donde vives. Ordénalos de mayor a menor relevancia.

La polución del aire

La contaminación acústica

La suciedad de las calles

La falta de zonas verdes

Los incendios

¡Qué bien hablas!		
Frases para expresar opiniones:	**Frases para reaccionar:**	
Creo que ...	**De forma positiva**	**De forma negativa**
Opino que ...	Estoy (totalmente) de acuerdo	No estoy de acuerdo
En mi opinión ...	Sí, puede ser	¡Para nada!
A mí me parece que ...	Claro que sí	¡En absoluto!
Tengo entendido que ...	Sí, claro	¡De ninguna manera!
	Pienso lo mismo	Yo pienso todo lo contrario
	Soy del mismo parecer	No soy del mismo parecer

2 Copia la siguiente tabla en tu cuaderno. Decide si las definiciones de estos problemas medioambientales son correctas (C) o incorrectas (I). Si la definición es incorrecta escribe a qué problema se refiere.

Definición	C/I	Problema correcto
a desertización es la desaparición de bosques debido a la actividad humana		
b un incendio es cuando un territorio que era húmedo se convierte en una zona árida		
c especie en peligro de extinción es la introducción de una sustancia que provoca daños en el medio ambiente		
d calentamiento global es un aumento de las temperaturas medias		
e deforestación es el exceso de ruido que altera la calidad de vida de las personas		
f contaminación es cuando todos los animales de un mismo tipo pueden desaparecer		
g contaminación acústica es un fuego no controlado		
h inundación es cuando hay una gran cantidad de agua en una zona que normalmente está seca		

3 Empareja en tu cuaderno los problemas medioambientales siguientes con las posibles causas de esos problemas.

Problemas

1. la polución del aire
2. la contaminación acústica
3. la suciedad en las calles
4. la falta de zonas verdes
5. los incendios
6. la deforestación
7. la contaminación del agua
8. la sequía
9. el calentamiento global
10. los animales en peligro de extinción

Causas

a. El cambio climático hace que llueva menos.
b. La gente hace barbacoas en el bosque y no las apaga.
c. Se talan demasiados árboles.
d. La gente tira papeles al suelo.
e. Hay demasiadas fábricas que emiten humos.
f. Hay demasiados coches.
g. Se están destruyendo los hábitats naturales.
h. Cada vez se construyen más edificios.
i. Hay mucha basura en los ríos.
j. Se está destruyendo la capa de ozono.

4 Pista 32 Escucha lo que dicen estos jóvenes sobre el medio ambiente y contesta a las preguntas en tu cuaderno. Utiliza las palabras de la caja de texto para ayudarte a entender los diálogos.

agotarse	consciente
el efecto invernadero	el bienestar
malgastar	extinguirse
el malgasto	herencia

1. Susana
   a. ¿Es una visión positiva o negativa de la situación?
   b. ¿Cuál es el problema más importante?

2. Jaime
   a. ¿Qué le preocupa sobre todo a Jaime?
   b. ¿Qué ignora la gente?

Unidad 5: El mundo que nos rodea

c ¿Cómo afectan al planeta las pequeñas cosas que hacemos en casa?

d ¿Quién debería hacer algo para resolver este problema?

3 Eva

a ¿Con qué no está de acuerdo?

b ¿Por qué suben las temperaturas según Eva?

c ¿Qué efecto tienen nuestras acciones cotidianas en el clima?

4 Arturo

a ¿Cuál es el principal problema?

b ¿Quién debería solucionar este problema?

c ¿Cuál es la responsabilidad personal de los ciudadanos?

5 Virginia

a ¿Quién es la principal víctima de los problemas medioambientales?

b ¿Cuáles son las causas de la extinción de especies?

5a Lee el siguiente texto.

5b Las palabras en la columna de la izquierda se han extraído del texto. Encuentra palabras o expresiones que tienen el significado más próximo en la columna de la derecha.

1	equilibrio	a	conjunto de planetas que giran alrededor del sol
2	talar	b	absorber aire
3	altera	c	ponen en peligro
4	sistema solar	d	harmonía
5	seres vivos	e	necesario
6	respirar	f	aumentar de tamaño
7	amenazan	g	cortar árboles
8	suelo	h	animales y plantas
9	crecer	i	cambia
10	indispensable	j	terreno

La Tierra en peligro

Las actividades humanas amenazan el equilibrio natural de la Tierra. Talar árboles, contaminar el aire y el agua o dejar que los desiertos se extiendan son las formas mediante las que el ser humano altera el medio ambiente.

Si los daños causados al ambiente en que vivimos continúan, la Tierra pronto estará en peligro. Podría dejar de ser un planeta vivo.

Un planeta amenazado

La Tierra es uno de los ocho planetas del sistema solar. Se diferencia de los otros planetas por tener vida animal y vegetal. La vida es posible en la Tierra porque posee el aire que los seres vivos necesitan para respirar, los nutrientes que necesitan para alimentarse y crecer, y el clima adecuado para poder vivir; un clima que ni es muy frío ni muy caliente.

La contaminación es uno de los mayores peligros que amenazan al medio ambiente. Todas las partes de la biosfera (tierra, agua y aire) sufren contaminación.

Contaminamos el aire con humos procedentes de industrias y de nuestros coches. Contaminamos los ríos y lagos a través de los desagües de las ciudades o con vertidos químicos tóxicos. Los mares los contaminamos con petróleo y los campos con fertilizantes y pesticidas.

El aire, el agua y el suelo son elementos indispensables para la vida, por ello debemos cuidarlos. Nos dan el oxígeno que respiramos, el agua que bebemos y los alimentos que necesitamos para crecer y reproducirnos.

Entre las consecuencias más visibles de las actividades humanas sobre el medio ambiente están la extinción de especies animales y vegetales, los cambios climáticos y la desertización.

6 Habla con tu compañero/a sobre las siguientes afirmaciones. Indica si estás de acuerdo o no y por qué.

1. El calentamiento global es un problema enorme.
2. Los seres humanos somos los responsables de la sequía.
3. Los países ricos son los responsables de los problemas del planeta.
4. Lo que hacemos en nuestras vidas cotidianas afecta menos al planeta que las decisiones de los políticos.
5. Los avances científicos no pueden hacer nada para frenar el avance de los problemas medioambientales.
6. Es natural que algunas especies animales se extingan.

ADJETIVOS INDEFINIDOS

Los adjetivos indefinidos expresan una idea indefinida sobre cualidad (cómo) o cantidad (cuánto).

Masculino singular	Femenino singular	Masculino plural	Femenino plural
algún	alguna	algunos	algunas
ningún	ninguna	ningunos	ningunas
poco	poca	pocos	pocas
tanto	tanta	tantos	tantas
demasiado	demasiada	demasiados	demasiadas
bastante	bastante	bastantes	bastantes
todo	toda	todos	todas
mucho	mucha	muchos	muchas
otro	otra	otros	otras
cierto	cierta	ciertos	ciertas
tal	tal	tales	tales
–	–	ambos	ambas
cualquier	cualquiera	–	–
–	–	varios	varias

7 Copia el texto en tu cuaderno y complétalo con los adjetivos indefinidos del recuadro.

.... personas piensan que el medio ambiente está en peligro pero .... no están de acuerdo. Hay .... estudios y .... encuestas que indican que .... gente tiene .... o .... conocimiento de lo que en realidad sucede en el mundo. .... día se darán cuenta de que .... problemas .... como el efecto invernadero son causados por .... nosotros.

algunas	algún
otras	ningún
bastantes	ciertos
muchas	tales
mucha	todos
poco	

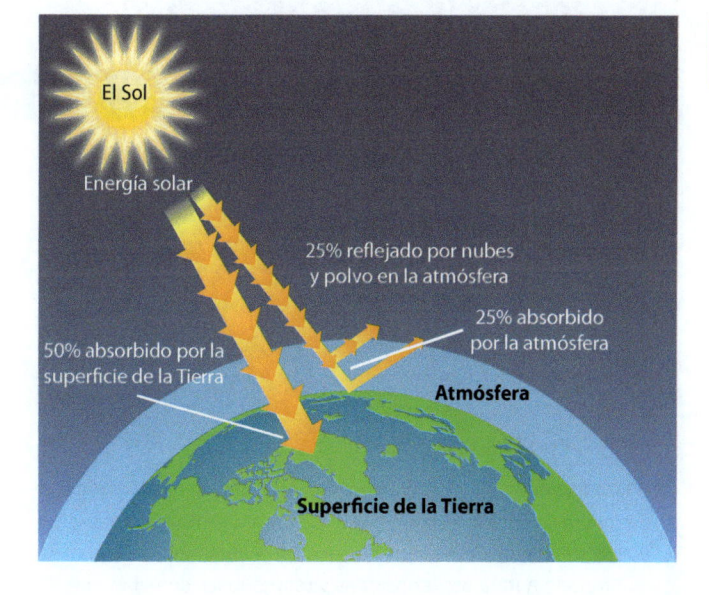

Unidad 5: El mundo que nos rodea

5.2: Recursos naturales

Objetivos

Vocabulario:
- Diferentes tipos de energía
- Huella de carbono

Gramática:
- Uso de muletillas

Competencias comunicativas:
- Hablar de forma más natural
- Debatir sobre tipos de energía
- Presentar formas de energía originales

1 Mira la lista de tipos de energía. Habla con tu compañero/a y decide si son energías renovables o no renovables.

- carbón
- energía de la biomasa
- energía eólica
- energía geotérmica
- energía hidráulica
- energía mareomotriz
- energía nuclear
- energía solar
- gas natural
- petróleo

2 Lee el texto siguiente. Copia y rellena la tabla que te presentamos en tu cuaderno con las ventajas e inconvenientes que hayas encontrado en el texto.

Placas solares		Turbinas	
☹	☺	☹	☺

Energía solar o eólica. ¿Cuál es la mejor opción para casa?

Nuestro planeta está en peligro y cada vez hay más gente que no está dispuesta a quedarse de brazos cruzados y se apunta a la nueva moda de las energías renovables en casa. Todos consumimos energía en grandes cantidades y mucha gente quiere alternativas ecológicas para generar energía.

Hasta hace poco los paneles solares eran la forma más común de generar energía limpia en casa, pero poco a poco, la energía eólica gana seguidores. Tanto la energía solar como la eólica son formas naturales, renovables y respetuosas con el medio ambiente, pero para los que quieren experimentar o saber qué energía escoger puede ser una tarea difícil.

Los paneles solares domésticos se suelen instalar en los tejados de las casas. Las placas convierten la luz del sol en energía que podemos utilizar para la calefacción, agua caliente y muchos otros usos. Por otra parte, la energía del viento se puede convertir en energía mecánica para darnos electricidad con la ayuda de un generador.

Ninguna de estas dos alternativas ecológicas es barata y hay que invertir mucho dinero para tenerlas. Para pequeñas cantidades de energía las placas solares son más económicas, pero si se quiere producir suficiente energía para todos los aparatos eléctricos de una casa, la energía eólica puede ser una opción más viable.

Otra característica importante es el clima de donde vivimos, ya que la cantidad de luz solar o viento influirán en cuánta energía vamos a producir. Las placas solares se pueden instalar en casi cualquier tejado mientras que, debido al tamaño de una turbina eólica, es necesario tener un jardín grande o un terreno cercano. Una vez instaladas, las turbinas requieren muy poco mantenimiento, mientras que las placas solares requieren una limpieza regular para que sigan siendo eficientes. Estéticamente también son muy diferentes, así que hay que tener en cuenta cómo van a afectar a la apariencia de nuestra casa.

Tanto las placas solares como las turbinas son alternativas ecológicas que tienen muchas ventajas, pero también algunos inconvenientes, así que a la hora de elegir merece la pena pensar en los pros y los contras antes de tomar una decisión.

Cambridge IGCSE Spanish as a Foreign Language

3 **Pista 33** Escucha una noticia sobre el consumo de electricidad.

a Copia el texto en tu cuaderno y complétalo con las palabras que faltan. Si puedes, no consultes la lista de palabras.

Utilizamos cada vez más .... (1) y en particular la .... (2) se ha convertido en el motor del mundo. Cuando vemos una imagen nocturna de la .... (3) desde el espacio es increíble la cantidad de .... (4) encendidas que enseguida nos hace percibir la sobreexposición a la luz .... (5) que están teniendo en las grandes ciudades.

Desafortunadamente esta .... (6) excesiva de electricidad está ocasionando graves consecuencias en la salud humana y la vida animal. En muchos países la .... (7) de electricidad .... (8) en un 3% cada año y con ella aumentan los casos de .... (9) de cabeza crónicos, migrañas, estrés y alteraciones del .... (10). Por otra parte muchos pájaros han cambiado sus rutas migratorias, además se ven atraídos por las .... (11) de las ciudades y acaban .... (12) y mueren.

cantidad	eléctrica	luces
crece	electricidad	perdidos
demanda	energía	sueño
dolor	luces	Tierra

b Contesta a las siguientes preguntas:

1. ¿Cuál es la actitud de Susana después de haber oído la noticia?
2. ¿Por qué se siente identificada con la noticia?
3. ¿Qué no sabía?
4. ¿Qué opina Ismael de la noticia?
5. ¿Cómo justifica que cada vez consumimos más energía?
6. ¿Qué opina Ismael del problema de los dolores de cabeza?
7. ¿Qué consejo le da a Susana?

Unidad 5: El mundo que nos rodea

4 Lee esta entrada de blog sobre la huella de carbono. Después de leerla escribe tres comentarios reaccionando a lo que leíste en tu cuaderno. Intenta dar opiniones diferentes de forma creativa.

La huella de carbono, todos somos responsables

La huella de carbono es la cantidad de gases de efecto invernadero (GEI) emitidos por el efecto directo o indirecto de un individuo. Hay muchas actividades cotidianas que contribuyen a este efecto:

Viajar

Cada vez vivimos en un mundo donde las distancias son más cortas y viajamos más, tanto en nuestra vida profesional como en nuestras vacaciones y ocio. Los coches y aviones emiten humos llenos de dióxido de carbono que van directamente al aire.

Electricidad

Dependiendo del país, entre el 60 y el 90 por ciento de la electricidad producida sigue siendo por métodos tradicionales con combustibles fósiles, en particular el carbón.

Calefacción

Cada vez estamos más acostumbrados a vivir en lugares con una temperatura constante durante todo el año. Muchos de los sistemas de calefacción siguen dependiendo del gasóleo, gas natural o la electricidad. Además, muchas casas siguen estando mal aisladas y por lo tanto el calor se escapa y se consume más energía.

5 Trabaja con tu compañero/a. Por turnos contestad a las siguientes preguntas.

¿Qué fuente de energía te parece la más ecológica?

¿Cuál te parece la peor forma de energía?

¿Crees que malgastamos energía en casa?

Ejemplo:

En mi casa malgastamos energía porque tenemos muchas luces encendidas.

¿Piensas que las ciudades utilizan demasiada energía?

¿Crees que en tu colegio se malgasta energía?

Ejemplo:

En mi colegio se malgasta mucha energía. Nunca apagamos las luces ni los ordenadores por la noche.

¿Conoces a alguien con placas solares o una miniturbina eólica en su casa?

¿Te gustaría tener una en tu casa o colegio?

> **CONSEJO**
> **Intenta utilizar:**
> justificaciones – porque, ya que, puesto que ...
> conectores – además, aunque, sin embargo, por consiguiente ...
> diferentes tiempos verbales

> **CONSEJO**
> **Aquí tienes algunas palabras o expresiones para sonar más natural:**
> pues
> por supuesto
> básicamente
> bueno
> ya sabes
> lo que quiero decir es
> es realmente una pregunta difícil
> pues depende
> supongo que
> lógicamente
> honestamente
> ciertamente

6 Lee el siguiente texto sobre la alimentación y sus consecuencias en el medio ambiente y contesta a las preguntas.

Nutrirse de manera sensata y respetuosa

Comer es una necesidad básica, un punto de encuentro y una celebración cultural. Sus consecuencias ambientales dependen de la cantidad de recursos que son necesarios para producirla, cómo de lejos vienen los alimentos y cómo vamos a comprarlos, cómo están procesados y qué cantidad comemos y tiramos.

Comer menos carne y más cereales, legumbres y frutas

Una dieta basada sobre todo en productos animales requiere mucho más territorio, energía y agua que una basada en productos como las verduras y los cereales. Para producir una caloría de carne para consumo humano se consume nueve veces más energía que para producir una caloría de origen vegetal.

Alimentos frescos

Por cada caloría que llega al supermercado, se han consumido 10 calorías de petróleo, debido al procesamiento al que se someten muchos de los alimentos para que se conserven o tengan buen aspecto. En general, comprar productos frescos y no procesados reduce la huella de carbono de nuestra despensa, y además es mejor para nuestra salud.

Ingredientes de producción local

La mayor parte de alimentos viajan entre 2.500 y 4.000 kilómetros antes de llegar a su destino. Comprar productos y variedades locales reduce las emisiones de CO_2 asociadas al transporte de alimentos. Cuanto más cerca esté el productor del alimento de nuestra mesa, menos huella y más sabor. Para los alimentos que no pueden ser locales, ya que son pequeños lujos no autóctonos, como el chocolate o el café, podemos moderar el consumo y comprarlos de comercio justo y producción ecológica.

Productos de temporada

Cada planta tiene su ciclo, pero hoy podemos encontrar en las tiendas prácticamente todos los productos en cualquier momento del año. Un tomate de invernadero, sin embargo, requiere más energía y emisiones de CO_2 que uno de temporada. Si compramos productos de temporada, evitamos los alimentos procedentes de invernaderos o de lugares lejanos con otro clima, o que se han mantenido en cámaras durante los meses en los que no están disponibles de modo natural.

Unidad 5: El mundo que nos rodea

Preguntas:

1. ¿Qué papel tiene la comida en nuestras vidas?
2. ¿Qué se necesita en mayor cantidad para producir carne?
3. ¿Cuánta energía se necesita para producir una caloría de carne?
4. ¿Qué distancia viajan muchos alimentos antes de ser consumidos?
5. Además de ser más ecológicos, ¿qué tienes si consumes productos locales?
6. ¿Qué productos gastan más energía y generan más CO_2?

7 💬 Busca en páginas en español de internet una forma original de producir energía. Intenta buscar algo ingenioso y luego presenta tu propuesta a la clase.

Menciona:

- beneficios
- inconvenientes
- coste
- si ya se utiliza o está en proyecto
- si es eficiente o no
- dónde se puede utilizar

Cambridge IGCSE Spanish as a Foreign Language

5.3: Los problemas de mi ciudad

Objetivos

Vocabulario:
- Problemas medioambientales locales

Gramática:
- Oraciones exclamativas
- Interjecciones
- Perífrasis verbales

Competencias comunicativas:
- Expresar emociones al hablar
- Escribir una carta formal para hablar de problemas medioambientales

1 Lee las siguientes opiniones de varios jóvenes. Habla con tu compañero/a y decide con cuáles os identificáis más.

> Mi ciudad es un desastre. Hay muchísimos coches y por lo tanto mucho humo. Es difícil respirar y cada vez hay más casos de asma.

> En mi ciudad las calles están muy sucias todo el tiempo. No creo que haya suficientes papeleras y por eso la gente tira los papeles al suelo. Muchos barrios del centro están muy deteriorados y el otro día incluso vi una rata.

> Aunque vivo en un pueblo tenemos muchos problemas de contaminación acústica. Cerca de mi casa pasa una autopista muy transitada y el ruido de los coches es insoportable. A mí me duele la cabeza a menudo y yo creo que la culpa es de los coches.

> Cerca de mi casa hay un río. Antes era una zona muy bonita pero mucha gente tira basura al río y ahora está sucio. Es una pena porque antes hacíamos picnic y jugábamos en la orilla, pero ahora ya no lo hace nadie porque no es agradable.

> Lo peor de mi ciudad es la falta de zonas verdes. Antes había varios parques donde íbamos a jugar pero ahora construyeron edificios, centros comerciales y parkings. Mucha gente cree que esas cosas son necesarias pero yo pienso que la ciudad también necesita zonas verdes para purificar el aire.

2 Pista 34 Escucha la siguiente entrevista a Don Carlos Sánchez, el alcalde de una pequeña ciudad.

a Responde a las siguientes preguntas en tu cuaderno:

1. ¿De qué va a hablar Don Carlos Sánchez?
2. ¿Cómo es la situación del medio ambiente comparada con otras ciudades?
3. ¿Por qué le preocupa la basura?
4. ¿Qué quiere hacer para que sea más fácil reciclar?
5. ¿Qué se puede hacer en las escuelas?
6. ¿Por qué piensa que hacer que la gente recicle más es difícil?

b Corrige en tu cuaderno la parte subrayada de las siguientes frases:

1. Mucha gente piensa que hay muchos coches en las afueras.
2. Hay demasiada polución del aire y contaminación de los ríos.
3. Si todo el mundo va en coche hay ruido.
4. Tenemos mucha suerte y tenemos bastantes bosques.

5 Hay que tener mucho cuidado al hacer <u>picnic</u>.

6 El año pasado hubo <u>una inundación</u> que destruyó parte de un bosque.

3 💬 Pregúntale a tus compañeros/as de clase qué problemas afectan a los lugares donde viven. Pregúntales también por los problemas que no les afectan. Aquí tienes una lista de posibles problemas:

- basura por las calles
- falta de espacios verdes
- contaminación del aire
- contaminación de las aguas
- vertidos incontrolados
- pintadas en los edificios
- falta de transporte público
- falta de lugares para aparcar
- sobrepoblación
- papeles por el suelo
- contaminación acústica
- falta de contenedores de reciclaje
- exceso de zonas industriales
- exceso de humo de los coches

CONSEJO

Estas son algunas expresiones que puedes utilizar para reaccionar a lo que alguien te está diciendo:

¡Qué bien!
¡Qué maravilla!
¡Genial!
¡Estupendo!
¡Fantástico!
¡Qué suerte!
¡Cuánto me alegro!
¡Qué guay!
¡Qué mal!
¡Qué horror!
¡Qué pena!
¡Qué desastre!
¡No tenía ni idea!
¡No me lo creo!
¡No me lo puedo creer!
¡Estoy alucinando con lo que me dices!
¡Me parece increíble!
¡Parece mentira!
¡Qué mala suerte!
¡Fíjate!
¡Qué horrible!
¡Qué asco!
¡Qué rollo!

Cambridge IGCSE Spanish as a Foreign Language

4 Lee el siguiente texto sobre la contaminación en México.

Ciudad de México, el lugar donde el aire mata

La contaminación del aire es un problema que afecta gravemente a las grandes ciudades de Latinoamérica, pero en particular a México y más concretamente a Ciudad de México. En esta gran metrópolis cada año se superan las 5.000 muertes causadas por contaminación del aire. Un número alarmante que, en vez de disminuir, crece cada año.

El gran número de vehículos es la causa principal de este problema, pero a ésta se suman otras como la producción de electricidad o las fábricas. La legislación mexicana permite que los vehículos producidos en el país contaminen hasta 10 veces más que aquellos fabricados en otras partes del mundo. Cada año aumenta el número de vehículos en un 5%, con lo cual el problema está lejos de solucionarse.

Este humo tan contaminado está afectando a la salud de los ciudadanos. Irritación de ojos, problemas respiratorios, asma, y cáncer de pulmón hacen que la salud de los mexicanos sea mucho peor que la de sus países vecinos. Además de los problemas directos de salud, el cambio climático y la lluvia aácida amenazan la flora y la fauna del país así como la disponibilidad de agua potable.

La solución no es ni sencilla ni rápida. Muchas de las cosas que contaminan también apoyan la economía local y es difícil que desaparezcan. La acción ciudadana y la educación son soluciones a largo plazo, pero pueden llegar a ser la clave para solucionar este problema. Hay numerosas organizaciones que están promocionando el uso del transporte público y la bicicleta. La mayor parte de los mexicanos aún no están convencidos, pero con suerte pronto lo estarán, antes de que sea demasiado tarde.

Di si las siguientes frases son verdaderas o falsas y corrige las falsas en tu cuaderno.

1. La contaminación del aire solo afecta a México
2. Todos los años mueren 5.000 personas
3. En Ciudad de México hay demasiados coches
4. Cada vez hay menos coches
5. El humo de los coches es peligroso para la gente
6. Los mexicanos tienen más problemas de salud que en otros países
7. La contaminación no afecta a los animales
8. Acabar con el problema de la contaminación va a ser fácil
9. La educación sobre la contaminación es una solución rápida
10. Los mexicanos no quieren utilizar el transporte público

Unidad 5: El mundo que nos rodea

5 🔊 **Pista 35** Escucha a los siguientes jóvenes hablando de los problemas medioambientales en su región.

a En cada frase hay algo que no corresponde a lo que dice Jaime. Corrige las frases en tu cuaderno.
1. Los parques están llenos de basura.
2. Las aceras están cubiertas de pintadas.
3. En la playa, después de hacer barbacoas, la gente deja el agua hecha un desastre.
4. Debería haber más campañas nacionales para concienciar a los jóvenes.
5. Los profesores deberían hacer algo.

b Contesta a las preguntas según lo que dice Marga:
1. Según Marga, ¿es normal que haya problemas medioambientales en las ciudades?
2. ¿Por qué hay menos parques?
3. ¿Qué efectos tiene la reducción de espacios verdes?
4. ¿Cuál es el problema de las especies en peligro de extinción de la zona?
5. ¿Por qué hay tantos coches en su ciudad?

6 📝 En tu cuaderno, escribe una carta al alcalde de tu pueblo/ciudad.
- Explica qué problemas de tu ciudad/pueblo te preocupan.
- Menciona por qué te preocupan esas cosas.
- Sugiere alguna solución.

❗ **CONSEJO**
Intenta utilizar la forma *usted* de los verbos.

❗ **CONSEJO**
Una carta formal debe tener este formato:

Coruña, 2 de enero de 2015

Estimado Sr. Alcalde:

....

....

....

Le saluda atentamente,
Carlos Gutiérrez

VOCABULARIO

Utiliza estas frases para expresar opiniones:
- Opino que …
- Considero que …
- Me parece que …
- Creo que …
- A mi parecer …
- Me sorprende ver que …
- Me resulta …

7 💬 Prepara una presentación oral sobre los problemas que afectan al lugar donde vives. Utiliza expresiones de los recuadros.

al fin y al cabo	a pesar de
con lo cual	no obstante
así que	es decir
por lo que	

volver a + infinitivo	darse cuenta de que
soñar con + infinitivo	tratar de + infinitivo
soler + infinitivo	intentar + infinitivo

5.4: Cuidemos el medio ambiente

Objetivos

Vocabulario:

- Iniciativas para cuidar el medio ambiente
- Las 3 Rs

Gramática:

- Imperativo

Competencias comunicativas:

- Expresar opiniones de forma impersonal
- Exponer de forma creativa maneras de reutilizar basura

CONSEJO

Estas son algunas formas de expresar opiniones de forma impersonal

tenemos que
hay que
es importante
es esencial
es necesario
es mejor
se debe
se puede

1 ¿Qué podemos hacer para cuidar el medio ambiente? Trabaja con tu compañero/a e inventa frases con las palabras de las dos columnas.

reciclar	vidrio
cuidar	basura
reducir	desechos
limpiar	luces
cerrar	agua
apagar	grifo
cambiar	energía
ahorrar	malos hábitos
crear	medio ambiente
construir	naturaleza

2 Copia las siguientes soluciones a problemas medioambientales en tu cuaderno. Clasifícalas según estos criterios:

1. Las más fáciles de realizar
2. Las más costosas
3. Las más eficaces

- Deberíamos ducharnos en vez de bañarnos.
- Hay que cerrar el grifo mientras nos cepillamos los dientes.
- El ayuntamiento debería poner más policías en las calles para vigilar.
- Si apagamos los aparatos electrónicos cuando no los estamos utilizando ahorraremos mucha energía.
- Se debería bajar el precio de los transportes públicos para animar a la gente.
- Deberíamos reutilizar las bolsas de la compra.
- Es responsabilidad de los padres y profesores educar a los jóvenes para que sean conscientes de la importancia de reciclar.
- El gobierno debería invertir más en energías renovables, como la solar o la eólica.

Unidad 5: El mundo que nos rodea

EL IMPERATIVO

El imperativo se usa para instrucciones, órdenes, peticiones, invitaciones, consejos o sugerencias. Las terminaciones son diferentes si el verbo es negativo o afirmativo.

	AR afirm.	AR neg.	ER afirm.	ER neg.	IR afirm.	IR neg.
tú	-a	-es	-e	-as	-e	-as
usted	-e		-a		-a	
vosotros/as	-ad	-éis	-ed	-áis	-id	-áis
ustedes	-en		-an		-an	

¡Atención!
- Los verbos con cambio de radical en el presente también lo tienen en el imperativo:

Ej. Tú cierras la puerta. – ¡Cierra la puerta!

- En los verbos reflexivos el pronombre va unido al verbo al final si la frase es afirmativa pero no si es negativa:

Ej. Acuéstate pronto. – ¡No te acuestes tarde!

Hay algunos verbos irregulares:
decir – di, no digas, diga, decid, no digáis, digan
hacer – haz, no hagas, haga, haced, no hagáis, hagan
ir – ve, no vayas, vaya, id, no vayáis, vayan
poner – pon, no pongas, ponga, poned, no pongáis, pongan
salir – sal, no salgas, salga, salid, no salgáis, salgan
ser – sé, no seas, sea, sed, no seáis, sean
venir – ven, no vengas, venga, venid, no vengáis, vengan

---

3 Copia las frases en tu cuaderno y complétalas con los verbos del recuadro en el imperativo.

plantar	apagar	dejar
caminar	reciclar	acortar
ir	utilizar	apagar
bajar	olvidar	
usar	cerrar	

Recomendaciones para cuidar el medio ambiente

1 .... los ordenadores por la noche, no los .... encendidos ni en hibernación.

2 .... ambas caras del papel, tanto al imprimir como para anotar en el mismo.

3 .... el grifo del agua cuando te cepilles los dientes. Ahorrarás casi 4 litros de agua.

4 .... la ducha. Por un minuto menos en la ducha ahorrarás casi 20 litros de agua.

5 .... los envases de vidrio. No te .... de que tarda un millón de años en descomponerse en la naturaleza.

6 .... las luces que no necesitas.

7 .... bolsas reutilizables, las bolsas de plástico son una plaga que daña al medio ambiente.

8 .... el termostato de la calefacción, por cada grado más bajo en el invierno ahorrarás un 10% en tu factura de energía.

9 .... un árbol, ayudarás a preservar el medio ambiente.

10 .... o .... en bicicleta cuando puedas porque es mejor para el medio ambiente y para la salud.

Cambridge IGCSE Spanish as a Foreign Language

> **CONSEJO**
> Intenta utilizar el imperativo de formas originales en ejercicios orales y escritos:
> *Mi madre siempre me dice: 'Apaga la luz al salir de tu habitación'.*

4 Lee el texto y contesta a las siguientes preguntas.

La importancia de las 3 Rs

1 REDUCE

Si reduces el consumo ahorrarás dinero, pero además ayudarás al medio ambiente. Antes de comprar algo piensa en si realmente lo necesitas. Si puedes, elige productos que tengan poco embalaje o incluso productos a granel.

Evita el uso de productos de usar y tirar como platos de plástico, servilletas de papel, etc. Intenta rellenar las botellas de agua en vez de utilizar una nueva cada vez.

2 REUTILIZA

Cuando vayas al supermercado lleva tus propias bolsas. Estarás ayudando al planeta y además te ahorrarás dinero, ya que en muchos sitios cobran por las bolsas. Cada bolsa se puede reutilizar muchas veces dentro y fuera de casa.

Reutilizar muebles y ropa está de moda. Hay numerosas páginas web en las que encontrarás información sobre cómo reutilizar diferentes productos de maneras originales y divertidas.

3 RECICLA

Cada día hay más y más productos reciclables. Separa correctamente los residuos y encuentra el centro de reciclaje más cercano. Seguro que hay uno cerca de tu casa. Si lo haces de forma rutinaria no te costará esfuerzo.

Habla con tus familiares, amigos y compañeros de colegio para concienciarles de la importancia del reciclaje. Mucha gente no lo hace porque no sabe cómo hacerlo.

Preguntas:

1. ¿Qué beneficios tiene reducir lo que consumes?
2. ¿Qué productos son mejores para el medio ambiente?
3. ¿Qué cosas no debes comprar?
4. ¿Qué beneficios tiene reciclar las bolsas de basura?
5. ¿Dónde puedes encontrar ideas de qué reutilizar?
6. ¿Es difícil comprar productos reciclables?
7. ¿Es fácil acostumbrarse a reciclar?
8. ¿Por qué motivos la gente recicla poco?

5 Pista 36 Vas a escuchar a varios jóvenes hablando de lo que hacen para cuidar el medio ambiente. Copia las respuestas correctas en tu cuaderno.

1. **Jaime**
   - Hace muchas cosas para cuidar el medio ambiente
   - No hace mucho para cuidar el medio ambiente
   - Nunca recicla papel
   - Siempre reutiliza las bolsas

2. **Susana**
   - Siempre ha hecho todo lo posible por el medio ambiente
   - Sus padres no se preocupan por el medio ambiente
   - En el colegio no es fácil convencer a la gente de que debe reciclar
   - Dio una charla sobre el cambio climático

3. **Samir**
   - Tuvo que trabajar en su colegio para que la gente recicle
   - Sus padres no se preocupan por el medio ambiente
   - Tuvo una iniciativa para limpiar la playa
   - El año que viene no hará nada

4. **Cristina**
   - Se preocupa sobre todo por la energía que se consume
   - Sus hermanos no malgastan agua
   - Va a limpiar las playas de su ciudad
   - La gente de su ciudad cuida los espacios verdes

5. **Pablo**
   - Reciclar es la mejor forma de cuidar el medio ambiente
   - La cantidad de coches no afecta a la salud
   - Va andando a todas partes
   - Cuando visita a sus amigos va a pie

Unidad 5: El mundo que nos rodea

6 Diseña un póster o un folleto para tu colegio para convencer a tus compañeros/as de que reciclen. Tienes varias opciones:

a Folleto para que reciclen en casa con sus padres
b Folleto para reciclar papel en el colegio
c Folleto para reutilizar cosas en el colegio
d Folleto para reutilizar material escolar

> **CONSEJO**
> **Intenta utilizar:**
> Verbos en imperativo
> Expresiones impersonales
> Conjunciones

7 Piensa en cinco maneras originales de reutilizar una botella de plástico vacía. Escribe una descripción en tu cuaderno y luego preséntala a la clase.

8 Prepara respuestas para las siguientes preguntas sobre el medio ambiente. Intenta utilizar un vocabulario variado, todos los tiempos verbales que has estudiado y oraciones complejas.

¿Qué problemas medioambientales hay en tu región?

¿Cuál es la causa?

¿Cuál te parece el problema más grave? ¿Por qué?

¿Qué se puede hacer en casa para cuidar el medio ambiente?

¿Qué se puede hacer en el colegio?

¿Qué más podrías hacer para cuidar el medio ambiente con más tiempo/dinero?

Repasa

1 **Pista 37** Vas a escuchar a varias personas hablando de la situación del transporte público donde viven.

Escucha a cada una y selecciona la opción correcta en cada caso.

Carlos siempre usa el autobús porque …

A   es rápido y tiene wifi gratis

B   puede ir a cualquier sitio de la ciudad de forma rápida

C   no tiene coche

Silvia cree que uno de los problemas en su ciudad es que …

A   hay demasiados tranvías

B   no hay una zona peatonal en el centro histórico

C   los autobuses tardan mucho

Miguel piensa que el transporte público en su ciudad ha mejorado porque …

A   ahora hay muchos más autobuses

B   hay más lineas de metro

C   los trenes son más cómodos

2 Te acabas de mudar de ciudad y hay algo que no te gusta. Escribe un artículo para la revista de tu colegio. Debes escribir entre 130 y 140 palabras:

- Menciona los problemas medioambientales que existen en tu ciudad.
- Describe cómo era tu ciudad anterior.
- Di qué haces con tu familia para cuidar el medio ambiente.
- Explica qué iniciativas se podrían crear en el colegio.

> **VOCABULARIO**
> Usa las listas de vocabulario al final del libro para repasar cada tema

Unidad 5: El mundo que nos rodea

Unidad 6: Nuestro mundo

Introducción

En esta unidad vamos a centrarnos en la parte más internacional del curso IGCSE para el estudiante de español: el mundo globalizado. Temas tan importantes como la vida en otros países, las redes sociales y la tecnología o algunos problemas derivados de la globalización nos van a dar una visión un poco más crítica sobre nuestro papel en el mundo actual. ¿Estás preparado?

6.1: La vida en otros países

Objetivos

Vocabulario:

- Los saludos
- Conocer a gente
- El mundo internacional y la vida en otros países
- Nacionalidades
- El tuteo, hablar de usted y el voseo

Gramática:

- Repaso del imperfecto, el indefinido y el pretérito

Competencias comunicativas:

- Expresarse con saludos
- Comunicarse para conocer gente
- Hablar sobre el mundo internacional y la vida en otros países
- Hablar y preguntar sobre nacionalidades
- Utilizar el tuteo y el uso de usted

Los saludos en el mundo

1 ¿Cómo se saludan las personas en diferentes partes del mundo? Enlaza las fotos con las frases.

a   En Italia la gente se abraza.
b   En Gran Bretaña se dan la mano.
c   En España se dan dos besos en la mejilla.
d   En Japón inclinan la cabeza para saludar.

Unidad 6: Nuestro mundo

Españoles en el mundo

2 📖 Lee el texto sobre el programa de Televisión Española, 'Españoles en el mundo', y después contesta a las preguntas.

'Españoles en el mundo' es el programa líder en audiencia de TVE sobre españoles que residen fuera de nuestras fronteras. El presentador sigue a los españoles que viven en el extranjero y estos le enseñan diversos aspectos culturales del país.

Lo que te puedes encontrar en Madrás

- Madrás mezcla la tradición y el color de sus calles y mercados con el glamour de los eventos de moda y cine.
- En Chennai (Madrás) se realizan unas 150 producciones de Cine Tamil al día.
- ¿Sabías que las mujeres indias se adornan el pelo con flores para perfumarse?

Brisbane, joven y cultural

- Caminar por Brisbane y encontrarse con canguros es inevitable.
- Son tradición las carreras de cucarachas donde la gente aprovecha para beber y divertirse.
- Se pueden saborear platos exóticos como el cocodrilo, el canguro o el búfalo.

Lo que no te puedes perder de Frankfurt

- Si estás en Frankfurt no puedes perderte sus deliciosas salchichas.
- Sube a la Main Tower y disfruta de una panorámica de Frankfurt al atardecer.
- Desde su reinauguración en 1981, el Alter Oper lidera en el mundo de la música internacional.

Kuwait, el pequeño país más exclusivo

- Los kuwaitíes eran un pueblo beduino hasta que en 1930 descubrieron el famoso oro negro.
- Hoy en día se encuentra a la cabeza del ranking de los países más caros del mundo.
- Kuwait es el octavo país más caro y el producto estrella de las kuwaitíes es el bolso.

Preguntas:

1. ¿Por qué es Madrás una región tan glamurosa?
2. ¿Qué hacen los habitantes de Brisbane durante las carreras de cucarachas?
3. ¿Qué tipo de platos exóticos hay en Brisbane?
4. ¿Qué es lo que tenemos que comer en Frankfurt?
5. ¿Por qué es el Alter Oper tan importante?
6. ¿Cómo eran los kuwaitíes hasta 1930?
7. ¿En qué posición se encuentra Kuwait dentro de los países más caros?

3 ✏️ ¿Repasamos nacionalidades y países? Escribe en tu cuaderno la nacionalidad junto al país correspondiente en masculino y femenino. Recuerda que en algunos casos no se usa el género femenino.

Ejemplo:

Soy de … Italia   Soy italiano/a.

a   España

b   Estados Unidos

c   Francia

d   Gran Bretaña

e    Alemania

f    Colombia

g    Japón

h    Suecia

i    Australia

¿Y tú? ¿De qué país eres? ¿Cuál es tu nacionalidad?

RINCÓN CULTURAL

El tuteo, hablar de usted, y el voseo

El **tuteo:** El tuteo, o tutearse, es cuando se utiliza al pronombre **tú** para dirigirse hacia la otra persona de forma informal en España. Se utiliza menos en algunos países de Latinoamérica, donde predomina la forma de usted o vos.

Hablar de **usted:** Hablar de usted tiene como base al pronombre **usted** y se utiliza en conversaciones más formales en España. En Latinoamérica se puede utilizar en situaciones menos formales siendo mucho más común en el habla de cada día.

El voseo: El voseo emplea al pronombre **vos** y se usa en muchos países de Latinoamérica en situaciones informales y de trato familiar en lugar de emplear el pronombre tú, como en Argentina o Costa Rica.

4 Repasemos los verbos en pasado. En esta actividad vamos a repasar el pretérito imperfecto, el pretérito y el pretérito perfecto compuesto.

4a ¿Pretérito o pretérito imperfecto? Copia el siguiente texto y complétalo con el tiempo correcto.

Cuando ………… (tener) quince años ………….. (mudarse) a vivir a Finlandia con mis padres. Al principio ……….. (ser) un poco complicado porque allí nadie ………….. (hablar) español y la cultura …………. (ser) muy diferente.

Al principio no ……….. (tener) amigos en la escuela pero lentamente ……….. (adaptarse) y …………… (conocer) a mucha gente que me ……… (ayudar) mucho. Los fines de semana ……….. (ir) a la montaña a esquiar con mis padres o al cine con mis nuevos amigos a ver alguna película. ………….. (aprender) el finés por la tarde y con clases particulares y ahora ya lo hablo bien.

Han pasado tres años y me gustaría volver a España para estudiar en la universidad. Seguramente haré traducción ya que hablo finés y español.

4b En tu cuaderno, copia y completa las frases con la forma correcta del pretérito perfecto compuesto.

a   Hoy ………… (ir) a Barcelona. Me ………… (encantar) la Sagrada Familia y la Catedral del Mar.

b   ¿Qué ………… (hacer) ? ¡ ………… (poner) la mesa para dos personas pero vienen cinco a comer!

c   ………… (hablar) sobre Juan toda la tarde. Creo que le pitan los oídos.

d   ………… (abrir) la ventana y hace un frío que pela. ¿Puedes cerrarla por favor?

e   ¿Tienes un minuto? Se me ………… (romper) el reloj del abuelo. ¿Crees que puedes venir a arreglarlo?

f   ………… (ver) que tus notas van mejorando. Creo que si sigues así podrás obtener una beca para la universidad.

Unidad 6: Nuestro mundo

g Te .... (decir) mil veces que no vale la pena hablar con el abuelo. No escucha lo que le dices.

h .... (recibir) tu correo electrónico. Dentro de unos días te enviamos el libro que nos pediste.

i ¿ .... (empezar) a estudiar italiano? Es un idioma que se parece al español. ¡Ya verás lo fácil que es!

j La fiesta .... (comenzar) ya. ¿ .... (traer) las bebidas, Federico?

IDIOMA

Verbos para describir la experiencia de vivir en otros países:

Mudarse a otro país
Vivir en el extranjero
Respetar las costumbres de otros países
Cambiar de pueblo o ciudad
Integrarse en el país de acogida
Acostumbrarse a la nueva vida
Aprender un nuevo idioma
Descubrir nuevos lugares
Adaptarse al clima y a las tradiciones del nuevo país

Mi vida como estudiante en el extranjero

5 Pista 38 Escucha lo que dice Tomás sobre su vida como estudiante en el extranjero. Después copia el cuadro en tu cuaderno y escribe los países en los que ha vivido y cuántos años ha vivido en ellos.

Países en los que ha vivido	Años

6 Tu revista te ha pedido que escribas un pequeño artículo de 100 palabras sobre otro país. Puedes acompañar el artículo con fotografías si así lo deseas. Sigue el esquema de preguntas que te proponemos a continuación.

¿Has vivido alguna vez en algún país extranjero? Compara su cultura con tu propia cultura. También haz una comparación de la comida, la bebida, las costumbres y las fiestas.

7 En la foto te presentamos a un estudiante que está haciendo un programa de intercambio con una familia australiana. Describe la foto con tu compañero/a.

CONSEJO

Para mejorar tu descripción de una fotografía puedes **comparar** lo que ves con tu propia cultura, dando ejemplos personales que te ayudarán a mejorar la interlocución con tu profesor y/o tus compañeros / as.

Algunos ejemplos que te pueden ayudar:

En la foto hay una casa / una montaña / una escuela que **se parece a** la casa / montaña / escuela / de mi país.

En la foto se puede ver una casa / una montaña / una escuela que **es igual a** la casa / montaña / escuela de mi país.

En la imagen podemos ver una persona que vive en el extranjero con sus padres. Cuando era pequeño, yo también viví en el extranjero. Fue …

8 Consejos para vivir en el extranjero

Lee con tu profesor los consejos que nos da Isabel para vivir en el extranjero. ¿Y tú, qué piensas? ¿Crees que son buenos consejos? ¿Tienes otros consejos que querrías añadir a lo que dice Isabel?

- Acepta las nuevas costumbres.
- Aprende el idioma.
- Deja tu huella.
- Escucha todas las opiniones.
- Prueba los nuevos platos típicos.

- Haz nuevas amistades.
- Aprende a cómo saludar.
- Respeta sus tradiciones.
- Habla con la gente.

Unidad 6: Nuestro mundo

6.2: Comida, tradiciones y costumbres

Objetivos

Vocabulario:
- Comida internacional
- Los viajes
- El tiempo en pasado
- Tradiciones y costumbres

Competencias comunicativas:
- Hablar sobre la comida internacional
- Describir viajes
- Hablar en pasado sobre el tiempo meteorológico
- Hablar sobre tradiciones y costumbres

1 Historias de la cuchara

¿Conoces estos platos? Enlaza las palabras del cuadro de texto con las fotos de la comida típica y también con la bandera del país latinoamericano que corresponda.

| feijoada | burritos | empanada | ceviche | gallo pinto |

Imagina la Isla de Pascua

2 Lee el texto sobre la Isla de Pascua y enumera las costumbres y platos típicos del lugar. Después contesta a las preguntas.

La Cultura Rapa Nui

Si existe un lugar en el mundo rodeado de grandes paisajes y misterio, ese es la Isla de Pascua. El hecho de estar tan aislada, en medio del Océano Pacífico, hizo que el desarrollo y la historia del pueblo Rapa Nui fuese muy interesante.

¿Cómo se trasladaron las enormes estatuas de piedra, o moái, de los Rapa Nui? Hay muchas teorías y nadie se pone de acuerdo. Incluso hay gente que cree que fueron trasladadas por seres de otros mundos.

Lo que sabemos es que los clanes más prósperos ordenaban construir un moái como una manera de honrar al hombre difunto.

La altura media de los moái es de unos 4,5 metros y pesan de 5 a 10 toneladas. La presencia de las populares estatuas es tan importante en la isla que hay una semana en febrero en la que se celebra la fiesta de Rapa Nui, uno de los eventos más importantes y atractivos de toda la Polinesia. En la fiesta, se elige la reina de la Tapati y se presentan dos candidatas apoyadas por sus familias y amigos.

También hay actividades tradicionales al aire libre en las que los jóvenes realizan un deporte llamado Haka Pei, que consiste en descender por una colina encima de un tronco de plátano. Durante estas celebraciones la capacidad de la isla para alojar turistas es llevada a su límite.

La Comida Típica

La comida típica de Isla de Pascua está basada principalmente en productos marinos, como pescados entre los que destacan el atún y mariscos como la langosta, los camarones y el rape, un tipo de langosta pequeña y nativa de la isla. No obstante, varios productos agrícolas son una base fundamental de la alimentación, como el plátano y la caña de azúcar.

La preparación más tradicional es el Umu Rapa Nui, que se cocina en un hoyo en la tierra con leña y piedras al rojo vivo, como se hacía hace cientos de años. Las piedras calientes son cubiertas con hojas de plátano sobre las que se coloca carne, pollo y pescado y se vuelve a cubrir con hojas y piedras.

El ceviche es otro plato que se ha convertido en típico de la isla, sobre todo el ceviche de atún. Se ofrece en una amplia variedad.

Finalmente, no debe dejar de probarse las tradicionales empanadas de atún. Son empanadas fritas rellenas de atún fresco de la isla, algunas con queso y otras además con tomate. Son jugosas y bastante sabrosas y constituyen un ideal tentempié para los excursionistas.

a Completa la lista en tu cuaderno.

Isla de Pascua
Costumbres ....
Comida típica ....

b Contesta a las preguntas.

1. Cuál es la altura media de los moáis? ¿Y su peso?
2. ¿En qué consiste el deporte Haka Pei?
3. ¿Cómo se cocina el Umu Rapa Nui?

Unidad 6: Nuestro mundo

3 Con tu compañero/a, haz una presentación sobre un país exótico que te interese, con fotografías o ilustraciones. Debes incluir sus costumbres, la comida y la bebida del país.

4 En las islas Canarias tenemos el café leche leche. Sí, decimos dos veces "leche", y consiste en un café con leche normal y leche condensada. En la península se le llama en algunos bares "el café bombón". También en las islas se toma el "barraquito" que es un cortado leche leche en un vaso más grande, con una corteza de limón, canela y un poquito de licor.

¿Y tú?

¿Qué tipo de cafés conoces?

¿Sabes la diferencia entre un café con leche, un café solo y un cortado? Habla con tu compañero/a.

RINCÓN CULTURAL

Horarios de comida en España

¿Sabías que los horarios de comida en España son diferentes a la mayoría de los países del resto del mundo? En España se suele desayunar de forma ligera, entre las 07:30 y las 09:00, con un café con leche con cruasán o galletas. Un poquito más tarde comienza el almuerzo; alrededor de las 11:00 o las 11:30, con otro café, o un cortado y un bocadillo.

El mediodía es el momento más importante en la rutina gastronómica española. Normalmente, los españoles comen entre las 14:00 y las 14:30 aproximadamente, o incluso más tarde los fines de semana.

Después de una merienda ligera, que se toma hacia las 17:00, viene la cena tarde, hacia las 21:00, con varios platos y postre.

Las Islas Canarias

(Mapa de las Islas Canarias en el Océano Atlántico, mostrando: Isla de La Palma con el Parque Nacional de la Caldera de Taburiente y Santa Cruz de la Palma; Isla de La Gomera con el Parque Nacional de Garajonay; Isla de Tenerife con Santa Cruz de Tenerife; Isla de El Hierro con Valverde, Tamaduste y Puerto de la Estaca; Isla de Gran Canaria con Las Palmas de Gran Canaria, Maspalomas y Playa del Inglés; Isla de Fuerteventura con Corralejo, La Oliva, Betancuria, Puerto del Rosario y Morro Jable; Isla de Lanzarote con Arrecife; Isla de Alegranza e Isla Graciosa. Escala: 0–60 km / 0–40 millas.)

Cambridge IGCSE Spanish as a Foreign Language

5 🔊 **Pista 39** Vas a escuchar un reportaje televisivo sobre la empresa lechera "Dos Pinos". Escucha atentamente al reportero local y contesta a las preguntas.

a ¿A qué compañía ha superado en ventas Dos Pinos?

b ¿Cómo empezó Dos Pinos y en qué año?

c ¿Dónde vende sus productos Dos Pinos?

d Enumera los productos que vende Dos Pinos.

EL TIEMPO EN EL PASADO:

Hace buen tiempo – Hizo buen tiempo – Hacía buen tiempo
Hace mal tiempo – Hizo mal tiempo – Hacía mal tiempo
Hace frío – Hizo frío – Hacía frío
Hace calor – Hizo calor – Hacía calor
Hace sol – Hizo sol – Hacía sol
Hace viento – Hizo viento – Hacía viento
Hay niebla – Hubo niebla – Había niebla
Llueve – Llovió – Llovía
Nieva – Nevó – Nevaba
Está nublado – Estuvo nublado – Estaba nublado
Está despejado – Estuvo despejado – Estaba despejado

---

6 Vamos a repasar el tiempo meteorológico. Copia las frases en tu cuaderno y escribe la forma correcta de los verbos que están entre paréntesis.

a Ayer .... (llover) mucho en Lanzarote. Casi nunca .... (llover) en esta época del año.

b En Santiago de Chile .... (hacer frío) en agosto. Mejor que viajes a partir de octubre si quieres visitar la ciudad.

c .... nevar) tanto en el aeropuerto de Ushuaia en el sur de Argentina que tuvieron que cerrarlo.

d En Almería .... (hacer calor y sol) como en el sur de California. El tiempo es casi el mismo.

e El sábado pasado .... (haber tanta niebla) en Lima que no podíamos ver la calle de enfrente desde el hotel.

f Hoy .... (estar nublado). Es mejor que no vayamos a la playa.

g .... (hacer viento) en Santo Domingo. No aterrizan los aviones en el aeropuerto.

h En el Estrecho de Gibraltar casi siempre .... (hacer buen tiempo) aunque puede llover ocasionalmente.

Unidad 6: Nuestro mundo

7 Con tu compañero/a describe lo que ves en las fotos de los lugares más impresionantes de Latinoamérica. Luego buscad información sobre la comida y la bebida típica del lugar, la tradición más destacada y el tiempo que hace durante el año para cada una de las imágenes y presentadlo en la clase.

Seis lugares que no te puedes perder en Latinoamérica

Lago Titicaca (Bolivia y Perú). El lago navegable más alto del mundo.

Mano del desierto de Atacama (Chile). El desierto más seco del mundo.

Península de Yucatán (México).

Salto Ángel (Venezuela). El salto de agua más alto del mundo.

Machu Picchu (Perú). Una de las siete maravillas del mundo moderno.

Cartagena de Indias (Colombia).

Cambridge IGCSE Spanish as a Foreign Language

6.3: Redes sociales y tecnología

Objetivos

Vocabulario:
- Objetos relacionados con la tecnología
- Las redes sociales

Gramática:
- El imperfecto de subjuntivo
- Estructura del condicional con el imperfecto de subjuntivo

Competencias comunicativas:
- Hablar sobre la tecnología y los objetos relacionados con la tecnología
- Hablar sobre las ventajas y desventajas de la redes sociales

1 Enlaza las fotos con las palabras relacionadas con la tecnología de la caja de texto.

A correo electrónico	D móvil
B redes sociales	E ordenador
C chatear	F tableta

Unidad 6: Nuestro mundo

2 Enlaza las fotos con las opiniones de las siguientes personas sobre el fenómeno del *multitasking*.

1

2

3

4

5

a Nos encantan las excursiones a la Sierra de Manzanares. ¡Es tan tranquilo! No te lo puedes ni imaginar. A veces hasta nos bañamos en el río, sobre todo en verano, cuando hace mucho calor. Nos encanta tomar fotos y hasta hacemos pequeños vídeos que subimos en internet al momento, ya que la cobertura es muy buena. Ahora tenemos casi mil seguidores en Facebook. Parece mentira. ¡Nos estamos haciendo famosos!

b Me llama mi madre, después mi novia, más tarde el WhatsApp. No paro. Y tengo un trabajo que hacer para la escuela y no hay manera. No lo termino. Tendría que apagar el móvil y concentrarme en la tarea con mi portátil y en silencio. ¡Pero hay tantas distracciones! No sé qué hacer, de verdad.

c Mi trabajo es mi vida. Me levanto y ya estoy mirando y contestando a los correos electrónicos. Incluso en domingo. Es una locura, pero si no lo hago se me acumula el trabajo y tengo más y más. En la oficina hago facturas, contesto a clientes y hasta leo el periódico en la tableta mientras contesto el teléfono. Dicen que hago *multitasking*, o sea muchas cosas a la vez. ¿Pero hago mi trabajo bien? Yo creo que no …

d Ya nos lo hemos dicho todo. Hemos hablado de la escuela, de nuestros padres, de las vacaciones y ya está. Yo no encuentro mal que nos pongamos las dos a chatear por el teléfono móvil, incluso si hemos quedado para comer en un restaurante. ¿Si se puede comer y hablar a la vez, por qué no podemos chatear y comer? Yo no lo veo tan mal …

e Mi rutina diaria es la de correr cada mañana a las siete en punto alrededor del lago de enfrente de mi casa. Tengo justo una hora y aprovecho para mirar los correos del día mientras hago deporte. Hay gente que me mira y me dice que vaya con cuidado y que mire el camino, pero casi no hay deportistas a esta hora y me conozco el lugar como si fuera mi propia casa. Hasta ahora no he tenido ningún problema en hacer las dos cosas a la vez.

Cambridge IGCSE Spanish as a Foreign Language

3 Define con tus propias palabras el *multitasking*. ¿Qué piensas del *multitasking*? ¿Crees que es posible hacer *multitasking*? ¿Cuáles crees que son las ventajas y las desventajas de hacer *multitasking*?

RINCÓN CULTURAL

Dominios y subdominios en internet

En internet hay una serie de dominios y subdominios relacionados con un tema genérico y organizaciones o el código del país o de la región. Debido al crecimiento de internet se van creando subdominios constantemente. Aquí tienes algunos ejemplos.

.es para España

.mx para México

.bo para Bolivia

.hn para Honduras

.lat para la zona de Latinoamérica

.eu para países de Europa

.cat para Cataluña

.org para organizaciones

.edu para servicios de educación

Elegir el dominio y el nombre de tu página web es importante. Tienes que escoger bien ya que ambos se agotan.

---

4 Pista 40 Vas a escuchar una entrevista al señor González, experto en nuevas tecnologías de la Universidad de Valladolid, realizada por unos alumnos de bachillerato. Antes de escuchar, lee con el profesor las palabras del cuadro de texto. Después escoge la respuesta correcta de cada una de las afirmaciones que te proponemos.

> internet   el aprendizaje   guiar   la empatía
> la fuente de conocimiento   focalizarse

1. Según el señor González la multitarea no es posible ya que …
   a   da dolor de cabeza.
   b   las personas no pueden hacer dos o tres cosas a la vez.
   c   el tiempo siempre es malo.

2. Para estudiar se tiene que …
   a   escuchar música con el volumen alto.
   b   mirar de vez en cuando las redes sociales para descansar.
   c   concentrarse en una sola cosa.

3. La tecnología es …
   a   una opción poco recomendable para estudiar.
   b   buena en todos los casos.
   c   positiva según como se use.

4. El papel del profesor en el mundo actual es el de …
   a   guía en la educación de sus alumnos.
   b   persona que ayuda a que sus alumnos no se pierdan por internet.
   c   persona que enseña los conceptos que salen por internet.

5. Los alumnos en el siglo XXI tienen que …
   a   ser totalmente dependientes del profesor.
   b   escuchar las explicaciones del profesor en todo momento.
   c   usar su creatividad en la clase y trabajar de forma independiente pero con la ayuda del profesor.

6. La empatía en educación es …
   a   clave en la enseñanza actual.
   b   poco importante.
   c   un concepto que se tiene que ir estudiando.

Unidad 6: Nuestro mundo

5 ¿Qué piensas de las nuevas tecnologías? ¿Y de las redes sociales? Después de contestar a las preguntas lee las siguientes opiniones sobre las nuevas tecnologías y el uso de las redes sociales. Tienes que colocar las opiniones de los alumnos en la categoría de ventajas o en la categoría de desventajas.

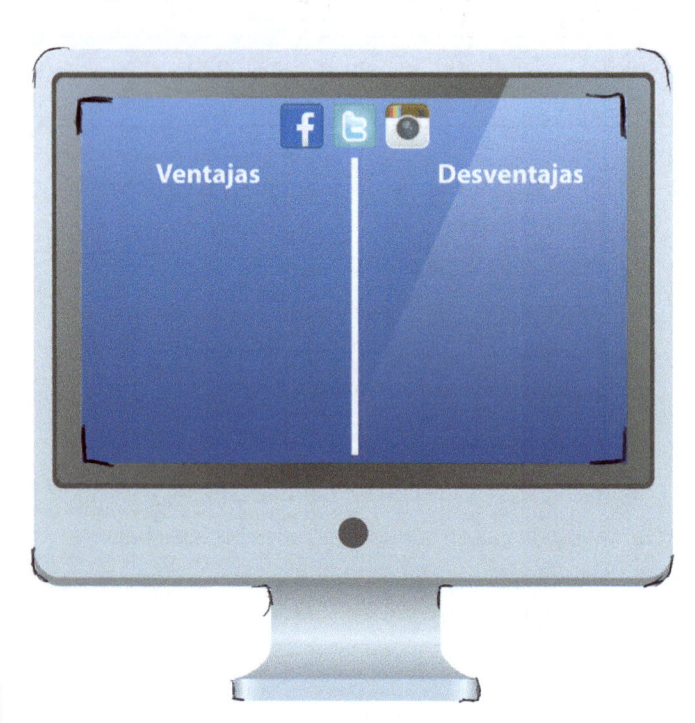

Ventajas | Desventajas

a No sé. Creo que con la tecnología todo son desventajas. Por ejemplo, si quiero estudiar pues siempre tengo mi portátil a mano o mi teléfono móvil para entrar en Facebook o Twitter. Para mí es una distracción absoluta.

b Creo que si las sabes usar, las nuevas tecnologías te ayudan mucho. Estás al día de lo que hacen tus amigos por las redes sociales y puedes comprar por internet. Si estás cansado siempre puedes apagarlo todo y tener un poquito de tranquilidad. No lo veo un problema.

c Yo soy usuario de Facebook desde hace años y me encanta. Aprendo cosas de amigos que suben artículos sobre cómics, o las nuevas novelas de fantasía que salen en el mercado, o hablan de música, o de sus viajes. Es como una larga y muy interesante conversación con un montón de gente a la vez.

d Las nuevas tecnologías son una pesadilla. Mi hermana está todo el día con Instagram, incluso cuando comemos. Tendríamos que tener al menos cinco o seis horas de tranquilidad para poder hablar un poco entre nosotros.

e Pienso que tienes que tener mucho cuidado con las redes sociales. Hay gente que te envía invitaciones para ser tu amigo y no los conoces. Puede ser muy peligroso. En la clase de informática estamos estudiando ciudadanía digital y te enseñan cómo ir con cuidado con las nuevas tecnologías. No me fío.

f Bueno, a mí me gustan mucho los deportes, tanto en la vida real como en el mundo digital. Tengo un videojuego en internet en el que puedo participar con otros jugadores de diferentes países. Las nuevas tecnologías te permiten estar conectado con gente de diferentes partes del mundo que les gusta lo mismo que a ti. Algunos de ellos los tengo como amigos en Facebook aunque no los haya visto nunca.

6 En tu cuaderno, escribe un artículo de opinión sobre las ventajas y desventajas de las nuevas tecnologías entre los jóvenes y el uso de las redes sociales.

CONSEJO

Estructura tus ideas

Antes de empezar a escribir estructura tus ideas. Lee atentamente lo que te piden y haz una lista. En este caso sería bueno escribir en una columna las ventajas de las nuevas tecnologías y en otra columna las desventajas. Incluye también una columna con las ventajas del uso de las redes sociales y otra columna con las desventajas. Para enlazar las ideas no te olvides de utilizar algunas expresiones que te serán muy útiles:

Por una parte …   Por otra parte …
Por un lado …   Por otro lado …
Mientras unos opinan que …   Yo opino que …

IDIOMA

Las nuevas tecnologías

Subir documentos a internet
Bajar música
Copiar una hoja de Excel
Apagar el ordenador
Encender el portátil
Cargar la batería
Jugar a videojuegos en la red
Instalar un programa en el ordenador
Comprar un antivirus

Videoblog
Videoaficionado/a
Publicar en la red
Pantalla táctil / interactiva
Descargarse un archivo

EL IMPERFECTO DE SUBJUNTIVO

Para conjugar el imperfecto de subjuntivo se usa como base la tercera persona del pretérito.

Verbos regulares

Hay dos terminaciones (-ara/-ase y -iera/-iese). Las dos son correctas y se pueden usar indistintamente.

	Hablar	Comer	Vivir
yo	hablara/hablase	comiera/comiese	viviera/viviese
tú	hablaras/hablases	comieras/comieses	vivieras/vivieses
él/ella/usted	hablara/hablase	comiera/comiese	viviera/viviese
nosotros/as	habláramos/hablásemos	comiéramos/comiésemos	viviéramos/viviésemos
vosotros/as	hablarais/hablaseis	comierais/comieseis	vivierais/vivieseis
ellos/ellas/ustedes	hablaran/hablasen	comieran/comiesen	vivieran/viviesen

Ejemplos del imperfecto de subjuntivo con frases condicionales:

Si yo hablara con él seguro que no me escucharía.

Si Miguel estuviera en Barcelona podrían ir de compras.

Si fueras un poco más ordenado no tendrías estos problemas con tus deberes.

Como puedes ver, usamos el imperfecto de subjuntivo después de SI.

En la otra parte de la oración utilizamos el condicional (escucharía, podrían, tendrías).

7 En tu cuaderno, copia y completa el ejercicio con la forma correcta del imperfecto de subjuntivo en las siguientes frases en condicional.

a Si ……….. (tener) más tiempo, podríamos subir con tus amigos a la montaña.

b ¿Crees que si Marta ……….. (escribir) mejor no tendría que leer sus redacciones tres o cuatro veces para entenderlas?

c Si ……….. (usar) menos las redes sociales tendríamos más tiempo para concentranos en nuestras tareas.

d Pienso que si ……….. (hablar) con tus padres te dejarían salir hasta más tarde.

e Si ……….. (jugar) menos a los videojuegos podrías tener más tiempo para hacer deporte.

f Me escucharías mejor si ……….. (bajar) el volumen de tus auriculares.

8 Con tu compañero/a crea frases condicionales con el imperfecto del subjuntivo en primera persona.

Si...

hablar
comer
dormir
escuchar
estudiar
hacer
escribir
practicar

Unidad 6: Nuestro mundo

6.4: El mundo internacional

Objetivos

Vocabulario:

- La globalización
- El consumo de drogas

Gramática:

- Los pronombres relativos

Competencias comunicativas:

- Opinar sobre la globalización y sus efectos positivos y negativos en el mundo actual
- Hablar sobre el consumo de drogas entre los jóvenes

1 ¿Qué significan las siguientes palabras sobre la globalización? Habla con tu compañero/a.

| riqueza desigualdad crecimiento prosperidad desempleo progreso pobreza contaminación |

2 Lee el siguiente artículo y contesta a las preguntas.

1. ¿Qué significa vivir en un mundo globalizado?
2. ¿Qué es lo que ha cambiado en la cultura, las costumbres y las relaciones sociales entre los jóvenes?
3. ¿Cómo son los aparatos electrónicos de hoy en día?
4. ¿Qué hacen los jóvenes a través de la red?
5. ¿Qué características se les pide a los jóvenes para la nueva economía?
6. ¿Cuáles son los problemas a los que se enfrentarán los jóvenes en el siglo XXI?

¿Cómo afecta el mundo de la globalización en los jóvenes de hoy en día?

Vivir en un mundo globalizado significa estar rodeado de **nuevas tecnologías** que permiten el libre intercambio de información a gran velocidad. Otra característica es la compra y venta de productos de forma rápida y eficaz.

Internet, los **móviles** y el software digital han cambiado la cultura, las costumbres y las relaciones sociales entre los jóvenes. Los aparatos electrónicos son cada vez más baratos y se desarrollan de forma constante. La red lo domina todo y el acceso a la información es acelerado. Los jóvenes lo hacen prácticamente todo a través de la red. Escribir a amigos, chatear, ver vídeos, escuchar música, leer libros, comprar productos, vender productos, etc., etc.

Por otra parte, es importante en una economía globalizada que los jóvenes se formen en áreas en las que la **nueva economía** juega un papel importante. Saber codificar o programar, conocer productos de software como Photoshop o InDesign, y ser flexibles para estudiar nuevas áreas de conocimiento es fundamental en el siglo XXI para encontrar un buen trabajo.

Tener **nuevos horizontes**, conocer nuevas culturas, hablar nuevos idiomas y ser curioso son algunas de las características que se les pide a los jóvenes de hoy en día. En el futuro tendrán que trabajar en diferentes campos y se les pedirá que vivan en varios países. También tendrán que adaptarse rápidamente a las diferentes situaciones laborales y sociales para tener éxito y sobre todo tendrán que intentar ser muy respetuosos con temas como el medio ambiente, ya que la economía globalizada ha llevado al calentamiento global. Luchar contra las desigualdades sociales también es un gran reto, sobre todo en los países en los que los sueldos de los trabajadores siguen siendo muy bajos o inexistentes y donde la pobreza persiste de forma permanente.

3 ¿Y tú, qué piensas sobre la globalización? ¿Por qué? ¿Cuáles son los aspectos positivos? ¿Y los negativos?

> Pienso que la globalización es positiva/negativa porque …
>
> Los aspectos positivos de la globalización son …
>
> Los aspectos negativos de la globalización son …

4 Lee la información de la página web "Salvemos nuestro planeta.com" con tu compañero/a y contesta a las preguntas de lo que haces para salvar el planeta con tu compañero/a.

1. ¿Qué haces para respetar el medio ambiente?
2. ¿Cómo se puede frenar el cambio climático?
3. ¿Reciclas? ¿Qué productos reciclas?
4. ¿Ahorras en el uso de agua y de electricidad?
5. ¿Cómo ahorras en el uso de agua y de electricidad?

Salvemos nuestro planeta

Nuestro comportamiento ante el medio natural decide el equilibrio del medio ambiente, por lo que debemos ser respetuosos ante la vida y preservar las reservas de energía. Para conseguir nuestro objetivo solo tomaremos de la naturaleza lo que decidamos como imprescindible, respetando así lo que se denomina "equilibrio ecológico", ya que en el momento en el que ese equilibrio se rompa, el ecosistema quedará tan afectado que muchas de sus plantas y animales podrían desaparecer. Parte de la solución está dentro de cada uno de nosotros: consumir sólo lo necesario.

Elige uno de los artículos disponibles para aprender más sobre la ecología:

RESPETO A LA NATURALEZA
- Compartir el planeta
- Las relaciones entre los seres vivos

CAMBIO CLIMÁTICO
- Los efectos económicos y jurídicos del cambio climático en el Ártico
- Víctimas del cambio climático (WWF/Adena)
- Los problemas medioambientales
- El ser humano y el medio ambiente

ECO-CONSEJOS
- Consejos para reciclar
- Consejos para el ahorro de agua
- Consejos para el ahorro energético

ECOLOGISMO
- El agua, un recurso imprescindible y escaso
- Cómo ser un buen ecologista

ENERGÍAS RENOVABLES
- Tecnologías ecológicas

---

5 La globalización también trae problemas con la expansión del tráfico de drogas. Lee con tu compañero/a la información de los mensajes publicitarios contra el consumo de drogas entre los jóvenes. ¿Qué significan los mensajes?

Unidad 6: Nuestro mundo

PRONOMBRES RELATIVOS

Los pronombres relativos se utilizan para unir dos cláusulas.

Referido a	Singular		Plural	
	Masculino	Femenino	Masculino	Femenino
persona o cosa	(el) que	(la) que	(los) que	(las) que
	el cual	la cual	los cuales	las cuales
persona	quien		quienes	
posesión	cuyo	cuya	cuyos	cuyas

Ejemplos del uso de los pronombres relativos

1 Que

+ personas y cosas

Ejemplos:
El hombre que tiene los ojos azules trabaja para el departamento de medio ambiente.
Juan conduce el coche que es de su padre.

2 El que / el cual – La que / la cual

+ personas y cosas

El que (la/los/las que) se pueden utilizar en ciertos casos en lugar de que para evitar confusiones.
Fíjate en la diferencia.

Ejemplos:
La hermana de Pedro, el que tuvo un accidente, es mi novia.
La hermana de Pedro, la que tuvo un accidente, es mi novia.

El que y el cual se suele utilizar con preposiciones.

Ejemplo:
Este es el libro sobre el cual / el que hemos hablado en clase de español.

3 Lo que / lo cual

Cuando el pronombre relativo hace referencia a una oración completa.

Ejemplos:
No se acuerda de lo que pasó ayer.
Marta ha copiado el examen, lo que / lo cual va a enfadar a su padre.

4 Quien

En vez de *que*, con una preposición monosilábica y hace referencia a una persona.

Ejemplo:
Miguel es el chico con quien fui al cine.

5 Cuyo

Cuyo (cuyo/cuya/cuyos/cuyas) es una forma muy formal en español y concuerda en número y género con el sustantivo al que acompaña. Tiene valor posesivo.

Ejemplos:
La mesa, cuyas patas son de madera, es de color verde.
Tengo un amigo cuyo padre trabaja en el ayuntamiento.
La niña, cuyo padre es profesor, es muy simpática.
El coche, cuyos faros no funcionan, está en el mecánico.

CONSEJO

Para describir el texto que aparece en una imagen puedes utilizar las siguientes frases:

El texto dice que …

En el texto se menciona que …

En la frase del texto se dice que …

En la imagen podemos ver una frase que dice que …

6 ¿Quieres practicar? Con tu compañero/a escribe frases con pronombres relativos.

7 ¿Qué significan estas palabras? Indica si los conceptos sobre la globalización que se presentan en la actividad son importantes para tu país con el sistema de estrellas.

★ Nada importante

★★ Algo importante

★★★ Importante

★★★★ Muy importante

★★★★★ Extremadamente importante

- inmigración
- guerra
- huelga
- derechos humanos
- desempleo
- epidemia
- polución
- efecto invernadero
- animales en peligro de extinción
- energía nuclear
- incendios forestales
- terremoto

8 Ahora vas a hacer una presentación sobre cada una de las palabras presentadas en la actividad 7 ¿Por qué son importantes para ti? ¿Por qué no? Justifica tu respuesta para cada uno de los conceptos sobre la globalización que presentas en la clase.

9 ¿Resolvemos problemas? Con tu compañero/a indica cómo podríamos resolver los problemas que tenemos en el mundo. Utiliza las palabras de la caja de texto.

guerra   efecto invernadero   epidemia   desempleo
animales en peligro de extinción   polución
energía nuclear

Ejemplo:

Para parar las guerras hay que trabajar por la paz con diálogo.

165

Unidad 6: Nuestro mundo

Repasa

1 **Pista 41** Vas a escuchar una entrevista de la radio con John Harvey sobre su vida como estudiante Erasmus en Barcelona. Empareja las frases.

La paella en Barcelona	es modernista
La playa de Barceloneta	es muy alta
La Sagrada Familia	no es muy típica
La escalivada	es muy tipica
En verano la humedad	está muy limpia

2 Vas a leer el diario que ha escrito Martín. Contesta a las preguntas.

24 de abril

Cáceres, España

Querido diario:

Hoy ha hecho mucho calor. Mamá ha preparado el desayuno esta mañana y ya estábamos a 25 grados. Increíble. He desayunado fuerte: un zumo de naranja, pan tostado con queso y un vaso de leche.

Luego he hablado con mi hermano sobre su campamento de verano. Dice que va a ir dos meses a Inglaterra para mejorar el idioma. Tendrá que aprender sus costumbres y adaptarse a las nuevas amistades. No tendrá problemas y seguro que se integrará bien. Habla bastante bien inglés pero quiere perfeccionarlo ya que el año que viene ya va a estudiar en la universidad.

Bueno, yo siempre he pensado que mudarse a otro país durante un tiempo es bueno. Cuando esté en primero de bachillerato quiero ir a Francia durante un año para aprender el idioma. Me encanta la cultura culinaria francesa y si hablara mejor francés quizás podría encontrar un trabajo en un restaurante para pagarme los pequeños gastos.

Después del desayuno he ido al club de jóvenes. Tenemos vacaciones en la escuela y hay que aprovechar para hacer algo. Allí hacemos deporte y diversos talleres. Hoy hemos filmado una pequeña película con un grupo sobre algunos de los problemas que tenemos en el mundo como el deterioro del medio ambiente y el efecto invernadero, los derechos humanos, el desempleo, la polución en las grandes ciudades, etc. Cada grupo tenía que escoger un tema y crear una pequeña obra de teatro filmada. Ha sido muy interesante.

Uno de los grupos se ha centrado en los animales en extinción, otro en los peligros de la energía nuclear. Han sido los mejores, la verdad, ya que el nuestro, el de los derechos humanos, ha salido un poco caótico.

Por la tarde he vuelto a casa y he pasado un rato frente al ordenador antes de la cena. He jugado a videojuegos y he chateado con algunos amigos que se han ido de vacaciones con sus padres a las islas Canarias o Mallorca. Después he leído un par de números de cómics en mi tableta y he mirado los mensajes de mi móvil.

Cambridge IGCSE Spanish as a Foreign Language

Mi madre dice que estoy siempre con aparatos electrónicos pero no entiende que son básicos y muy prácticos para la comunicación y el entretenimiento. Además, paso mucho tiempo haciendo actividades fuera, o sea que tampoco los uso tanto.

El día ha acabado muy tranquilo. Mamá y papá han preparado la cena. Mi tía ha llamado de Boston ya que está en un viaje de negocios y nos hemos acostado pronto.

Las vacaciones terminan hoy y mañana hay que madrugar.

Martín

Responde a las siguientes preguntas sobre el texto.

1. ¿Qué es lo que ha desayunado Martín esta mañana? [3]
2. ¿Dónde va a ir el hermano de Martín este verano? ¿Y qué va a hacer allí? [2]
3. ¿Cuándo quiere ir a Francia Martín? [1]
4. ¿Qué ha hecho Martín en el club de jóvenes? [1]
5. Enumera los temas de la actividad sobre los problemas del mundo que han hecho los jóvenes. [4]
6. ¿Qué ha hecho Martín cuando ha llegado a casa por la tarde? [3]
7. ¿Qué piensa Martín sobre el uso de aparatos electrónicos? [2]

> **VOCABULARIO**
> Usa las listas de vocabulario al final del libro para repasar cada tema

Listas de vocabulario

Bienvenido a aprender español

1 El español o castellano
Es uno de los idiomas más importantes del mundo.
Pertenece a la familia de las lenguas romances (derivadas del latín).
Tiene influencia de otros idiomas: el árabe, el francés, el inglés, el italiano y lenguas indígenas de América.
Hay aproximadamente 500 millones de hablantes.
Es el idioma oficial de 21 países.
Es uno de los idiomas oficiales de las Naciones Unidas.
Tiene una letra especial, la ñ.
Tiene dos interrogaciones ¿?
Tiene dos exclamaciones ¡!

2 Países hispanohablantes y capitales
Argentina (Buenos Aires)
Bolivia (La Paz / Sucre)
Chile (Santiago)
Colombia (Bogotá)
Costa Rica (San José)
Cuba (La Habana)
Ecuador (Quito)
El Salvador (San Salvador)
España (Madrid)
Guatemala (Ciudad de Guatemala)
Guinea Ecuatorial (Malabo)
Honduras (Tegucigalpa)
México (Ciudad de México)
Nicaragua (Managua)
Panamá (Ciudad de Panamá)
Paraguay (Asunción)
Perú (Lima)
Puerto Rico (San Juan)
República Dominicana (Santo Domingo)
Uruguay (Montevideo)
Venezuela (Caracas)

Unidad 1 Mi mundo

1 La información personal básica

a La información personal
el nombre
el apellido / los apellidos
la edad
la fecha de nacimiento
la nacionalidad
los estudios
la profesión
la dirección
la familia
las aficiones
el correo electrónico
el carácter

b Estructuras para preguntar sobre información personal
¿Cómo te llamas? / ¿Cuál es tu nombre?
¿De dónde eres?
¿Qué edad tienes? / ¿Cuántos años tienes?
¿Cuál es tu fecha de nacimiento?
¿Cómo eres?
¿En qué clase estás?
¿Con quién vives?
¿Tienes hermanos o hermanas?
¿Qué pasatiempos / aficiones tienes?
¿Qué te gusta hacer?

c Estructuras para dar información personal
Me llamo… / Mi nombre es…
Soy mexicano/a y vivo en México DF.
Yo soy ecuatoriano/a y vivo en Quito.
Tengo 14 años.
Mi cumpleaños es el 29 de mayo.
Estudio tercer curso de la ESO.
Vivo con….
    mis padres, mis hermanos.
Tengo dos hermanos que se llaman Luis y Rodrigo.
Soy hijo único.
Mi padre se llama…
Mi madre se llama…
Mi padre es marroquí.

Cambridge IGCSE Spanish as a Foreign Language

Mi madre es española.
Me gusta
    la música, ir al instituto.
Me encantan los animales.
Mis aficiones son el cine y jugar con el ordenador.
Mis aficiones son bailar y cantar.

d Los saludos y las despedidas
Hola. / ¡Hola!
¿Qué tal?
Buenos días. / Buenas tardes. / Buenas noches.
Adiós.
Hasta luego.
Un abrazo / beso.
Saludos.

e Las nacionalidades
español / española
mexicano / mexicana
marroquí
estadounidense
francés / francesa
británico / británica
alemán / alemana
japonés / japonesa
chino / china
brasileño / brasileña
sueco / sueca
australiano / australiana
kuwaití
indio / india

f Los meses del año
enero
febrero
marzo
abril
mayo
junio
julio
agosto
septiembre
octubre
noviembre
diciembre

2 Las acciones habituales

a La rutina diaria
despertarse
levantarse
ducharse
desayunar
arreglarse
peinarse
cepillarse
lavarse
afeitarse
vestirse
ir al instituto
estudiar
desayunar / almorzar / cenar
volver a casa
acostarse
ponerse la ropa
Me pongo el pijama.
Almuerzo en la cafetería del instituto con mis amigos.
Desayuno
    en casa, con mi hermana.
Hago
    deporte, los deberes.
Me ducho por la noche cuando llego a casa.
Me acuesto y me duermo.
Leo un poco en la cama.
Me visto rápidamente.
Doy las buenas noches a mis padres.
Me levanto a las siete y cuarto.
Veo un poco la televisión / la tele
    para relajarme.
Voy
    al instituto, a escribir sobre mi rutina diaria.
Ceno con mis padres.
Acompaño mi hermana hasta su colegio.
Salimos de casa.
Estudio 3º de la ESO.
Después del instituto vuelvo a casa.
Juego con
    el ordenador, mi hermana pequeña,
        mi tableta en la cama.

b La hora
¿Qué hora es?
Son las ocho (8) y cuarto (15).
Es la una (1) y veinte (20).
en punto
y cinco
y diez
y cuarto
y veinte
y veinticinco
y media
menos veinticinco
menos veinte
menos cuarto
menos diez

menos cinco
¿A qué hora…?
A las ocho (8) y cuarto (15).
A la una (1) y veinte (20).

3 Las tareas domésticas

a Los objetos
la plancha
la aspiradora
la lavadora
la escoba
la bolsa de basura
el estropajo
la bolsa
el collar y la cadena del perro
el plumero
el mantel

b Las tareas de la casa
hacer la(s) compra(s)
fregar los platos
poner la mesa
barrer el suelo
pasar la aspiradora
lavar la ropa
planchar la ropa
sacar la basura
pasear al perro
limpiar el polvo
ordenar (la habitación)
Los/Las dos chicos/as arreglan sus cuartos.

4 Las expresiones de frecuencia

(casi) siempre / nunca
todos los días / todas las tardes / todas las noches
algunas veces
a veces
la mayoría de las veces
a menudo
los lunes / martes / miércoles…
normalmente
generalmente
por lo general
una vez / dos veces
    al día, a la semana, al año
más lo primero que lo segundo

5 Las expresiones de tiempo

por la noche
más tarde / lo más tarde posible
mientras
rápidamente
muy temprano
después
    de…, del instituto, de la comida
luego
finalmente
si tengo tiempo
antes
    de cenar, de dormir
hasta
durante
    los fines de semana, las vacaciones

6 Las mascotas y las aficiones

a Las mascotas y los animales de compañía
perros
gatos
hámsteres
peces
ratones
conejillos de Indias
pájaros
iguanas
ruidosos
independientes
Viven con nosotros en todo el mundo.
Nos hacen compañía, nos dan cariño…
Son perfectos para personas que viven sola.
Ayudan a cazar roedores,
encuentran a personas.
Nos ayudan a ser más felices y responsables y mejoran
    nuestras vidas.
adoptar una mascota
la adopción de un perro

b Aficiones, pasatiempos y gustos
ir al
    cine, teatro…
leer libros
escribir poemas
salir con los amigos
pintar
ver la televisión / tele
escuchar música
bailar
cantar
jugar con el ordenador
    jugar al
    golf, baloncesto…
tocar la guitarra
chatear y escribir mensajes
hacer deporte

Cambridge IGCSE Spanish as a Foreign Language

c Para hablar de gustos, aficiones y preferencias
Me gustan los animales. (*gustar* + sustantivo con artículo el, la, los, las o un infinitivo)
Me gusta tener animales.
Me encanta jugar al golf. (*gustar/encantar* + infinitivo)
Hago deporte a menudo. (verbo en presente + actividad regular, repetida)
Suelo pasear por el parque una vez a la semana. (*soler* + infinitivo)
Mis aficiones/*hobbies*/pasatiempos son tocar la guitarra y escuchar música.
No me gustan los perros. Prefiero los gatos. (verbo *preferir*)
No me gustan los ratones. Me gustan más los hámsteres. (*gustar* + *más*)
Me encanta porque es muy divertido/a.
¿Y a ti, te gusta la música?

7 Expresiones coloquiales

a Para hablar de actividades que no te gustan
¡Qué rollo!
¡Qué muermo!
¡Qué molesto!

b Para hablar de actividades que te gustan mucho
¡Qué pasada!
¡Es la caña!
¡Qué guay!

8 La casa, la ciudad y el campo

a Viviendas y partes de la casa
una casa en el campo
un apartamento en la costa
una casa adosada con un pequeño jardín
un piso en la ciudad
vivo
    en una casa, con mi perro…
el garaje
la entrada
la cocina
el comedor
el cuarto de baño, el baño
el dormitorio
el salón
el pasillo
las escaleras
el jardín
los muebles
la chimenea
la piscina
la oficina
la primera / segunda planta
las camas
los vecinos
la lavadora
el precio
el salón-comedor
la terraza / azotea

b Muebles y electrodomésticos
el frigorífico
el horno
el microondas
la mesa
la silla
el sofá
el armario
el espejo
la cortina
la bañera
la cama

c En la ciudad y en el campo
el río
el museo
el cine
el colegio
Correos
el aparcamiento
el hospital
la farmacia
el hotel
el parque
la parada de autobús
la estación de trenes
el centro comercial
el estadio de fútbol
el supermercado
el teatro
el patio
la fuente
los cafés
los bares
las bodegas
la plaza
la iglesia
las fábricas
un pueblo súper bonito
un barrio muy tranquilo
disfrutar de
    músicos callejeros y estatuas vivientes, de la arena blanca…

Listas de vocabulario

visitar
    la Sagrada Familia, los edificios modernistas…
caminar a lo largo de
pasear a lo largo de
ir de tapas

d Expresiones para preguntar / encontrar el camino
¿Para ir / llegar al
    Parque de la Luz, por favor?
¿Me podría indicar / decir cómo llegar
    al Parque de la Luz?
Siga por / Tome / Coja
    la calle Romero…
gire…
cruce…
todo recto
a la derecha / izquierda
hasta el final de la calle
a la altura de
¿Tiene un mapa?
gracias
de nada

e Expresiones para hablar de la ciudad
Mi ciudad está en el
    norte / sur / este / oeste de…
Mi ciudad es
    muy / bastante / demasiado…
En mi ciudad (no) hay…
(No) Me gusta de mi ciudad…
En mi ciudad (no) se puede…
Lo que más / menos me gusta de mi ciudad es…

f Expresiones para describir y situar lugares
Mi apartamento tiene dos plantas, un balcón y un garaje. (verbo *tener*)
En mi casa hay dos salones, dos dormitorios, un cuarto de baño y una cocina muy grande. (estructura impersonal *hay*)
La cocina está al final del salón y la habitación de mi hermano/a está al final del pasillo (verbo *estar*)
al lado de
entre
a la derecha de / a la izquierda de
delante de / detrás de
cerca de / lejos de
a las afueras de
enfrente de
a unos 3 kilómetros de / a pocos metros de

9 El mundo escolar

a El sistema educativo y el mundo escolar
las etapas
los ciclos
los grados
los cursos
el instituto
los niveles de enseñanza
la Educación Infantil
la Educación Secundaria Obligatoria (ESO)
el Bachillerato
la Formación Profesional
la Educación Superior
la educación básica
etapa obligatoria y gratuita
los alumnos
los profesores

b El material escolar y las acciones
la goma
el lápiz
el estuche
las tijeras
el bolígrafo
el cuaderno
la regla
la calculadora
el rotulador
borrar
escribir
guardar el material escolar
hacer los deberes
medir
hacer líneas rectas
hacer cálculos
pintar
marcar
cortar
    papel, cartulina, cartón

c Las clases, las asignaturas y los profesores
las clases
las asignaturas
el recreo
el examen
Música
Ciencias Naturales
Matemáticas
Inglés

Español
Educación Física
Física
Química
Educación Plástica
Tecnología
Geografía
Historia
Un/a profesor/a
    simpático/a, antipático/a, positivo/a, agradable, estricto/a

10 Los deportes

a Los deportes, los deportistas y las actividades deportivas

el fútbol
el kárate
el yudo
el tenis
el rugby
el voleibol
la vela
el baloncesto
la gimnasia artística
la hípica / equitación
el golf
el remo
el atletismo
el esquí
la natación
el patinaje
el ciclismo
el boxeo
el deporte olímpico
el deporte paralímpico
el / la futbolista
el jugador / la jugadora de fútbol
el / la yudoca
el / la ciclista
el / la balonmanista
el jugador / la jugadora de balonmano
el / la tenista
el boxeador / la boxeadora
el / la atleta
el / la baloncestista
el jugador / la jugadora de baloncesto
el patinador / la patinadora
el / la karateca
el balón
el terreno

b Estructuras para hablar de los deportes

Jugamos al tenis todos los fines de semana. (*jugar* + preposición a)
Marina hace kárate desde los 10 años. (*hacer* + nombre del deporte)
Practico (el) esquí desde hace mucho tiempo. (*practicar* + nombre del deporte)
nadar, montar a caballo / en bicicleta, correr, boxear, esquiar… (un verbo concreto)

Listas de vocabulario

Unidad 2 Vida personal y social

1 La familia y los amigos

a El parentesco
el padre
la madre
el padrastro
la madrastra
el hijo, la hija
el hermano (mayor / menor), la hermana (mayor / menor)
el hermanastro, la hermanastra
el tío, la tía
el abuelo, la abuela
el primo, la prima
el primo segundo, la prima segunda
el cuñado, la cuñada
el suegro, la suegra
el nieto, la nieta
el sobrino, la sobrina
el hermano
los gemelos, las gemelas
los mellizos, las mellizas

b El estado civil
casado/a
divorciado/a
viudo/a
soltero/a
separado/a
comprometido/a
mi tío está casado

c Estructuras para describir personas
es alto/a, bajo/a, de talla mediana…
tiene el pelo
    negro, rubio, castaño, pelirrojo, largo, corto, ondulado, liso…
es calvo
tiene los ojos
    azules, negros, verdes, marrones…
lleva gafas
tiene pecas, barba, bigote…

d Adjetivos para describir personas
es alegre, cariñoso/a, simpático/a, cortés, encantador/a, optimista, trabajador/a, tímido/a…
eres una persona
    honesto/a, fuerte, elegante, (muy) guapo/a, agradable…
gracioso/a
agresivo/a
caritativo/a
desordenado/a
maleducado/a
estricto/a
exigente
vago/a
hermoso/a
orgulloso/a
pesado/a
romántico/a
interesante
aburrido/a
divertido/a
valiente
tranquilo/a
pesimista
puntual
serio/a
tacaño/a
hablador/a
ambicioso/a

2 Las aficiones y el tiempo libre

a Las aficiones
practico el golf / juego al tenis de mesa / navego por internet / patino en la pista de hielo / toco el piano / salgo con mis amigos / monto a caballo / leo revistas
cocinar
utilizar la bicicleta estática
bailar
jugar a verdadero o falso, al ping-pong, a los videojuegos…
dibujar
ver una película clásica, la obra de teatro (Romeo y Julieta)
hacer bricolaje, piragüismo, windsurf, senderismo, equitación…
nadar
bucear
montar en bicicleta
tocar la batería
ir de pesca, con el monopatín…
talleres de cine y de fotografía
prácticas de vela o de surf

b Cuándo practicar una afición
los fines de semana
de lunes a domingo
por la mañana
por la tarde
por la noche
los lunes, los martes…
en un día lluvioso, soleado…

Cambridge IGCSE Spanish as a Foreign Language

el mes que viene
el viernes de la semana que viene

c Dónde practicar una afición y dónde quedar
en casa
en un albergue (de la Sierra de Gredos)
en la costa española / la montaña / el extranjero…
en la cancha / la piscina
en el parque / club de jóvenes / polideportivo
quedamos en la parada de autobús, la estación de trenes…

3 Las invitaciones y las citas

a Para invitar o quedar con alguien
¿Te apetece ir al cine conmigo?
quedamos a las tres
quedamos frente al centro comercial
hasta luego

b Para contestar a una invitación
Por supuesto. ¿A qué hora quedamos?
¡Genial! ¿Dónde nos encontramos? / ¿Dónde quedamos hoy?
Vale / de acuerdo
Agradezco mucho tu invitación, pero… no puedo ir, estoy ocupado este sábado. Lo siento.
gracias por tu invitación
me parece muy buena idea / me apunto
estoy encantado/a
tengo muchas ganas de ir a tu casa, asistir a tu fiesta de cumpleaños
No puedo a las dos. Mejor a las…
es una lástima, pero…
tal vez la próxima vez

4 La televisión y el cine

a Tipos de programas de televisión
documentales / series / noticias / películas / deportivos / de entretenimiento

b Tipos de películas
románticas
históricas
policíacas
de aventuras / (de) comedia / de guerra / de dibujos animados / de acción / de terror / de ciencia ficción / de misterio / del oeste

5 Las tiendas

a Tipos de tiendas
la tienda de…
ropa, artesanías, muebles, alimentación, recuerdos, electrodomésticos y multimedia
la carnicería / la farmacia / la frutería / la joyería / la juguetería / la librería / la pastelería / la perfumería / la pescadería / la zapatería /
el supermercado
el hipermercado
el centro comercial
los grandes almacenes
la agencia de viajes
el quiosco
Correos
el banco
la oficina de objetos perdidos

b Tipos de productos
juguetes
perfume / colonia
camisetas / vestidos / chaquetas de cuero / cinturones / faldas / pantalones / guantes / bolsa de viaje / vaqueros / jersey (jerséis) / bufanda / sombreros / paraguas / pijama / calcetines / monedero
zapatos / zapatillas / sandalias / botas
pendientes de oro / pulseras de plata / collares / anillos
paquete / formulario / sello / recibo

c Envases y cantidades
barra de pan, turrón
bolsa de patatas, dulces
botella de
 limonada, vino, aceite
lata de
 atún, pera en almíbar, piña en almíbar
paquete de
 arroz, lentejas, harina
caja de
 galletas, bombones, gelatina
una porción de
 tarta, chocolate
un pedazo de
 queso, pan
una docena de
 huevos, tamales
un kilo / medio kilo / un cuarto de kilo de
 limones, gambas
medio kilo de pescado, fresas

d Expresiones relacionadas con la ropa
Me gustaría probarme la blusa que tiene en el escaparate.
¿Tiene una talla más grande, pequeña?
¿Cuánto cuesta?
¿No la tiene en verde, azul, rojo, blanco…?

Listas de vocabulario

Es de nueva temporada.
Deme aquellos pantalones, por favor.
Me/Te/Le queda
    bien, mal.
Me/Te/Le queda bien / mal el color
    rojo/a, azul, verde, gris, morado/a, púrpura,
        dorado/a, plateado/a…
Me/Te/Le queda
    grande, pequeño/a, ancho/a, estrecho/a, largo/a,
        corto/a

e Colores
rojo
azul / azul marino
verde
gris
morado / púrpura
dorado
plateado
blanco
negro
oscuro / claro

6 Las fiestas y las celebraciones

a Tipos de fiestas y objetos
las fiestas tradicionales
los San Fermines de Pamplona
las Fallas de Valencia
el Carnaval de Tenerife
la Semana Santa de Sevilla
la noche de San Juan de Barcelona
la Tomatina de Buñol
la fiesta de 15 años
la boda
el bautizo
el Día de… (Todos los Santos, los Muertos)
el Día de la Madre
el Día del Padre
el regalo
los bombones
los productos de maquillaje
la decoración
la invitación
el pastel, la tarta
las flores
la música y la comida
los fuegos artificiales

b La celebración de una boda
casarse
la boda / la luna de miel / el banquete / la ceremonia /
    la tarta nupcial / los invitados
marido y mujer
brindar por…
    los recién casados, los novios
celebrar la boda en un
    bosque, castillo, lago, monasterio, prado, la playa,
        a la orilla del mar, una cabaña, una cueva, cerca
        de un río
disfrutar del banquete

c Expresiones para dar una opinión sobre una fiesta
¿Te divertiste en la fiesta?
Me lo pasé… muy bien, en grande, como nunca, genial
    en la fiesta
Me divertí mucho.
La fiesta fue…
    genial, fantástica, increíble, estupenda,
        maravillosa

7 Las comidas y las bebidas

a Tipos de alimentos y de comidas
los alimentos vegetales
    frutas: albaricoque, berenjena, cerezas, ciruela,
        fresas, frambuesas, manzanas, melón,
        naranjas, peras, sandía, uvas; verduras:
        aceitunas, calabaza, col, coliflor, frijoles,
        judías, lechuga, patatas, pimiento, setas, soja,
        tomates, zanahorias
los alimentos cárnicos y afines
    carne, chorizo, gambas, huevos, jamón, marisco,
        pescado, pollo, salchichas, salmón, sardina,
        sepia
los alimentos lácteos
    helado, leche, mantequilla, queso, yogur
los alimentos farináceos
    arroz, cereales, espaguetis, fideos, harina, pan,
        pasta, pizza
el aceite de oliva
la sal
el gazpacho
la paella
la tortilla
los embutidos
los guisos
las ensaladas
el bocadillo de
    jamón serrano, calamares, queso
el sándwich de pavo
la milanesa napolitana
la ensaladilla rusa
la hamburguesa con cebolla
la pechuga de pollo
la sopa de ajo

Cambridge IGCSE Spanish as a Foreign Language

el asado de cordero
la chuleta de ternera con patatas fritas
el bistec de ternera
el helado de frambuesa
el pastel de zanahoria
las fresas con natas
las patatas bravas

b Tipos de bebidas
el agua mineral con, sin gas
el refresco
el zumo de limón, naranja
la gaseosa
la horchata
el vino
el cava
la cerveza

8 Opiniones sobre la comida

a Positivas
me encanta / me encantan
me gusta… mucho, bastante
Me encantan las salchichas porque son deliciosas.
sabroso/a, fantástico/a, fenomenal, rico/a, riquísimo/a, saludable, excelente
La comida china es mejor que la comida francesa.
La cocina francesa es menos sosa que la comida china.
La comida española es tan buena como la comida francesa.
Las salsas son buenísimas.

b Negativas
No me gusta
    el gazpacho, la sal.
No me gustan nada
    las salsas picantes.
no soporto
odio/a, detesto/a
Es una comida sosa.

9 La dieta saludable
una dieta equilibrada
Hay que consumir…
    productos naturales y frescos, más verdura, más fruta.
Hay que evitar…
    la comida grasa, los alimentos procesados con aditivos, el exceso de azúcar.
beber mucha agua
el ejercicio físico
mantener el peso y el colesterol a raya
la vida saludable sin sobrepeso
Hemos de desayunar, almorzar y cenar a la hora que toca.

10 Las comidas en un restaurante

a Hábitos alimenticios y comer fuera
para desayunar, comer, merendar, cenar tomo…
de postre
el menú
el primer plato
el segundo plato
el postre
la bebida
tomar algo para picar
ir de tapeo / tapear

b Tipos de locales de comidas y de bebidas
el restaurante   de comida rápida
                  con buffet libre
                  español, japonés, indio, chino, mexicano, vegetariano
la cafetería
la crepería
la pizzería
la churrasquería
la marisquería
el bar
la terraza

c Expresiones en un restaurante
¿Qué van a pedir del menú?
Para empezar, pónganos…
Como aperitivo, pónganos…
    una tapa de patatas bravas
    unas aceitunas
Muy bien. ¿Y para beber?
Prefiero agua mineral, por favor.
¿Y de primero, qué van a tomar?
Para mí…
Perfecto. ¿Y de segundo?
¿Y de postre, qué van a pedir?
Para él… y para mí…
Tráiganos la cuenta, por favor.

Listas de vocabulario

Unidad 3 Mis vacaciones y viajes

1 Las vacaciones: qué hacer, dónde, cuándo y con quién pasarlas

a Las vacaciones: qué hacer
andar / caminar
bañarse
broncearse / ponerse moreno/a
conocer sitios nuevos
cocinar
comer en un restaurante
descansar
disfrutar de las vistas
dormir la siesta
relajarse
hacer
    deporte, deportes náuticos
hacer escalada
hacer
    pasteles, una barbacoa
hacer turismo
ir al
    cine, teatro, parque, lago
ir de compras
jugar a juegos de mesa
leer
    libros, revistas, periódicos
nadar
pasar tiempo
    con los amigos, con la familia
salir de marcha
tomar / sacar / hacer fotos
conocer otras culturas y aprender de ellas
desconectar de la rutina
recargar las pilas
vivir una aventura
tener nuevas experiencias
tomar el sol
ver la tele
ver / visitar monumentos
viajar
tener vacaciones activas
tener vacaciones solidarias
Fui de compras.
Visité el pueblo.
Me bañé en la piscina.

b Las vacaciones: dónde
en casa
en la playa / montaña
en una ciudad
en un pueblo

Las próximas vacaciones voy a ir a la playa.
En Semana Santa vamos a esquiar en las montañas.
Fuimos al norte de España.
Estuve en un pueblecito.
Fuimos a Sevilla.

c Las vacaciones: cuándo
el año que viene
este verano / año
del 15 al 21 de julio
para el lunes que viene
el año / verano / invierno pasado
en las vacaciones de Navidad / Semana Santa
el pasado agosto
las Navidades pasadas
la Semana Santa pasada
hace tres años…

d Las vacaciones: con quién
con mi familia / mis amigos
por mi cuenta
Éramos un grupo de cinco personas.

2 Los medios de transporte

a Tipos de medios de transporte
la bicicleta / la moto / el coche / el avión / el barco / el ferry / el autobús
ir a
    pie, caballo
viajo en
    tren, bici…
Voy a pie.
Solemos ir en autobús.
Alquilamos un coche.
Cogimos / Tomamos un avión.

b Describir medios de transporte y hablar del más idóneo
aburrido/a, barato/a, caro/a, cómodo/a, contaminante, divertido/a, ecológico/a, estresante / emocionante, incómodo/a, lento/a, peligroso/a, práctico/a rápido/a, relajante, retrasado/a, tedioso/a, útil
Lo mejor es ir / utilizar el/la…
Para ir
    de vacaciones, al extranjero, al colegio por las mañanas, al centro de compras
Cuando no tienes dinero…
Cuando tienes prisa…
Cuando hace
    mal tiempo, mucho calor…
los asientos son
    grandes, muy pequeños

Cambridge IGCSE Spanish as a Foreign Language

tarda poco / mucho tiempo
va con retraso
hace mucho ruido / no hace ruido
es gratis
es fácil de utilizar
no contamina el medio ambiente
emite muchos gases
puedo…
    dormir la siesta, enchufar el ordenador y
      ver películas
hay mucha basura
no hay basura
no hay nada que hacer

3 Los tipos de alojamiento y las reservas

a Tipos de alojamiento
un camping
un hotel
    de 4/5 estrellas, familiar
una casa rural
un albergue juvenil
un apartamento en la playa
un chalet en la montaña
Me alojé
    con una familia española, en casa de unos amigos.
Acampamos en el campo.

b Instalaciones en distintos tipos de alojamiento
aire acondicionado
televisión de plasma
calefacción central
chimenea
habitaciones
    amplias, pequeñas, sencillas, con jacuzzi, con
      ducha, con baño compartido
cama doble o camas individuales
media pensión o pensión completa
piscina climatizada
los recepcionistas
restaurante a la carta
parking privado
servicio de habitaciones 24 horas al día
wifi gratuito
solo pagos en efectivo
reservas por
    teléfono, correo electrónico, a través de la
      página web
Situado a 100 metros de la playa con vistas al mar.

c Expresiones para reservar alojamiento
Me gustaría / Quería reservar… / Quería hacer una
   reserva.
Le escribo para reservar… / Quiero reservar…
Para cuatro personas.
con ducha / baño / váter
con una cama…
con media pensión / pensión completa
desde el… hasta el… de…
Me puede decir si el / la… tiene…
Me gustaría saber si hay…
Mis datos son…
Mi nombre es…
Mis apellidos son…
Mi dirección es…
Por favor, envíeme la confirmación de la reserva.

4 Las opiniones

a Expresiones para dar opiniones y justificarlas
Me gusta
    un poco, bastante, muchísimo
Apenas me gusta…
Me gusta más / menos… que…
Me gusta tanto… como…
Prefiero…
Me parece que…
Creo / Pienso que…
En mi opinión… / Opino que…
Diría que…
Lo que más / menos me gusta es…
Me encanta / chifla / apasiona… porque / ya que /
   puesto que…

b Opiniones sobre medios de transporte
Lo mejor es
    ir, utilizar el / la…
El transporte ideal es…
No merece la pena llevar el coche porque es difícil aparcar.
No nos gusta volar.
Está bien, pero lo malo es que, si hace viento, el barco
   se mueve y me mareo.

c Opiniones personales sobre vacaciones y viajes
bastante buena experiencia
ubicación excelente
Perfecta oportunidad para conocer a otros jóvenes.
No estoy de acuerdo con que tenga 4 estrellas.
Me encantó la experiencia.
Me encantó mi habitación.
Me gustaría
    volver algún día, ir otra vez
Disfruté mucho.
Me lo pasé genial.
Me aburrí un poco.
Eché de menos a mi familia.

Listas de vocabulario

No me gustó la comida.
No me gustó nada el alojamiento.
Prefiero no volver. / Nunca volveré.
El viaje se (me) hizo bastante corto / largo.
No me llevé bien con mis hermanos.

5 Las vacaciones y el tiempo
el parte meteorológico
tener buen
    tiempo, clima
temperaturas altas / bajas
este / oeste / noroeste / centro / sur / norte
en verano / otoño / invierno / primavera
Hará bastante calor.
Hace buen / mal tiempo.
Hace frío / calor.
Hace
    fresco, viento, sol.
Hace 15 grados.
Hay
    nubes, niebla, neblina, granizo, relámpagos,
        humedad, lluvias torrenciales, un vendaval,
        lloviznas, bochorno.
Está
    nublado, soleado, oscuro, despejado.
Llueve / Está lloviendo.
Nieva / Está nevando.
Truena / Está tronando.
Llovizna / Está lloviznando.
Chispea / Está chispeando.
Hacía muy buen día.
El tiempo cambió.

6 La salud

a Problemas de salud
Me duele la cabeza.
Me ha picado un mosquito. / Me picaron los mosquitos.
Tengo
    tos, gripe, catarro, un resfriado, fiebre.
Tengo dolor de
    estómago, muelas.
Tengo diarrea.
Tengo una
    alergia, herida, lesión.
Tengo
    un dedo roto, una insolación, el tobillo hinchado.
Estuve vomitando.
Me he quemado la espalda.
Me he hecho daño en la mano.

b Consejos
Le aconsejo / recomiendo…
Tiene que…

Puede…
Lo mejor para ese problema es…
    tomar estas pastillas, ponerse una crema
ir al médico / dentista
quedarse en casa / la cama
guardar reposo
beber mucha agua
tomar una cucharada de jarabe
Utiliza gafas de sol de buena calidad.
Báñate solo/a si hay socorrista.
Bebe mucha agua.
Ten cuidado con
    la arena, los objetos cortantes, las corrientes
        del mar.
Ponte crema solar.
Utiliza gafas de sol.
Lleva un mapa o GPS.
Ponte un casco y gafas de protección.

c Accidentes de tráfico
chocar / adelantar / circular / frenar / cambiar de carril /
    girar / dar marcha atrás / empotrarse con
el semáforo
    en rojo, amarillo, verde
el intermitente
la rotonda
un giro
un accidente
el conductor
el peatón
se saltó un ceda el paso
Mi hermano/a estaba cruzando la calle cuando un
    coche se saltó el semáforo.

7 Expresiones de tiempo
siempre
generalmente
frecuentemente
a menudo
a veces
muchas / algunas veces
todo el tiempo
todos los
    días, años
todas las semanas
cada
    día, semana, mes, año
mientras
en aquella época
casi nunca
nunca
anteayer

Cambridge IGCSE Spanish as a Foreign Language

Unidad 4 Mi mundo profesional

1 Los trabajos y las profesiones

a Las profesiones
el ingeniero / la ingeniera
el profesor / la profesora
el arquitecto / la arquitecta
el médico / la médica
el enfermero / la enfermera
el fontanero / la fontanera
el carpintero / la carpintera
el mecánico / la mecánica
el vendedor / la vendedora
el pintor / la pintora
el granjero / la granjera
el abogado / la abogada
el actor / la actriz
el cocinero / la cocinera
el panadero / la panadera
el jardinero / la jardinera
el informático / la informática
el peluquero / la peluquera
el secretario / la secretaria
el traductor / la traductora
el escultor / la escultora
el arqueólogo / la arqueóloga
el camarero / la camarera
el / la recepcionista
el / la astronauta
el / la taxista
el / la pianista
el / la contable
el / la futbolista
el / la electricista
el / la fisioterapeuta
el / la economista
el / la periodista
el / la policía
el / la militar

b El trabajo y la actividad profesional
¿Qué haces (profesionalmente)? / ¿En qué trabajas? / ¿A qué te dedicas?
Mi hermana es directora de un banco. (ser + profesión)
Yo trabajo como profesor. (trabajar como + profesión)
Mis padres se dedican a la venta de casas.
    (dedicarse a + actividad profesional)
el trabajo
el salario / el sueldo / la retribución
la profesión
la empresa
el sindicato
el empleo / el desempleo
la explotación
las relaciones laborales
las prácticas laborales
la experiencia laboral
los funcionarios
los ejecutivos
los trabajadores
los empleados
los jefes
el sector
    privado, público
el puesto de trabajo
una carta de recomendación
buscar un trabajo
ganar (un) dinero extra
ganar dinero
solicitar unas prácticas
dar clases particulares
cuidar de animales y mascotas
trabajar
    en equipo, al aire libre
estar satisfecho/a con el trabajo
Me gustaría/No me gustaría ser… porque…
Me gustaría/No me gustaría trabajar como… porque…
En el futuro quiero / me gustaría estudiar la carrera de Medicina.
Después del instituto vamos a estudiar en la universidad.

2 Las carreras universitarias
Traducción e Interpretación
Ciencias Económicas
Ciencias de la Comunicación
Ciencias de la Educación
Derecho
Medicina
Arquitectura
Bellas Artes
Ingeniería
Historia

3 La comunicación en el trabajo

a Las conversaciones telefónicas
un teléfono
    móvil, fijo, inalámbrico
una llamada
    formal, privada, profesional
llamar por teléfono
llamar a
    un/a amigo/a, un/a compañero/a de clase, un/a profesor/a
Está colgando el teléfono.

Listas de vocabulario

Está hablando por teléfono.
Está marcando un número de teléfono.
¿Dígame?
Hola. Soy… / ¿Está María? / ¿Puedo hablar con…? / ¿Podría hablar con…?
Sí, un momento.
¿De parte de quién?
Ahora mismo no puede ponerse.
Lo siento, pero en estos momentos está ocupada.
¿Quiere dejarle un mensaje?
No pasa nada. Llamo un poco más tarde. Muchas gracias. Adiós.
Sí. Dígale por favor que ha llamado María Román.
Muy bien. Se lo diré de su parte.

b Las cartas formales
Saludos
   Muy señor mío, Muy señores míos, Estimados señores, Estimado/a Sr./Sra. López
Despedidas
   Atentamente, Saludos cordiales, Sin otro particular, Me despido atentamente.
Estructuras
   Me gustaría, Quería preguntarle, pedirle, solicitarle…
Conectores
   sin embargo, por consiguiente, con el fin de, en referencia a, en cuanto a…
destinatario
remitente
fecha
firma

4 Las entrevistas de trabajo

a El currículum (CV)
el currículum vitae (CV)
Datos personales
   nombre, apellidos, lugar y fecha de nacimiento, dirección, correo electrónico, teléfono de contacto
Formación académica
   2013-2017 Instituto Público de Rosario
Capacidades y habilidades
   comunicativo/a, responsable, puntual…
Experiencia profesional
   camarero/a en la cafetería Luz (un mes), clases particulares de francés (veranos)
Lenguas / Idiomas
   Español (lengua materna), Francés (nivel alto B2), Inglés (nivel básico A1)
Aficiones
   La música, Tocar el piano, Los deportes, Jugar al tenis.

b La carta de presentación
Hola. Me llamo Sofía y tengo 17 años.
Mi nombre es Luciano y tengo 18 años.
Mis cualidades principales serían la paciencia y mi capacidad de concentración.
Me gusta hablar y tratar con la gente.
Soy una persona muy activa, solidaria y muy comprometida con la ecología.
Colaboro con… / Coopero con…
El verano pasado trabajé como voluntaria en un campamento.
Me encantaría trabajar… para…
El verano pasado, en julio, hice unas prácticas y trabajé en una escuela primaria.

5 El dinero y las ofertas de trabajo
la libra esterlina / el yen / la corona / el dírham / el dólar / el rublo / el euro / el peso / el franco / el real
el dinero
la paga
   semanal, mensual
los países más
   pobres, ricos
la pobreza / riqueza
anunciante
trabajo / empleo / puesto
teléfono
dirección de contacto
persona de contacto
Buscamos: dependiente de ropa juvenil para trabajar por 8 horas los fines de semana.
Empresa del sector publicitario busca…
Productora de televisión necesita…
Requisitos: Joven de 16-20 años.
Edad entre 15-22 años.
Buen/a comunicador/a.
Fotogénico/a.
Dotes interpretativas.
Se valorará la experiencia en el sector y los conocimientos de inglés.
La retribución económica es de 12 euros la hora.
Honorarios: 5 euros por encuesta realizada.
Interesados/as, mandad por favor a la atención del Jefe de Personal una carta de presentación y CV a…
Interesados, pónganse en contacto con…

Cambridge IGCSE Spanish as a Foreign Language

Unidad 5 El mundo que nos rodea

1 El medio ambiente

a Los problemas medioambientales
la polución / contaminación del aire
la contaminación del agua
la contaminación acústica / el ruido
la suciedad de las calles / la basura
la falta de contenedores de reciclaje
la falta de transporte público
la falta de lugares para aparcar
la falta de zonas / espacios verdes
los incendios
la sequía
el calentamiento global
los vertidos incontrolados
las pintadas en los edificios
los vertidos químicos
los animales en peligro de extinción / la extinción de especies animales y vegetales
la desertización
el infecto invernadero
el exceso de humo de los coches / de zonas industriales
la sobrepoblación
extinguirse
agotarse
talar / cortar árboles

b Las causas
El cambio climático hace que llueva menos.
La gente hace barbacoa en el bosque y no la apaga.
Se talan demasiados árboles.
La gente tira papeles al suelo.
Hay demasiadas fábricas que emiten humos.
Hay demasiados coches.
Se están destruyendo los hábitats naturales.
Cada vez se construyen más edificios.
Hay mucha basura en los ríos.
Se está destruyendo la capa de ozono.
Contaminamos el aire con humos procedentes de industrias y de nuestros coches.
Contaminamos los ríos y lagos a través de los desagües de las ciudades.
Los mares los contaminamos con petróleo y los campos con fertilizantes y pesticidas.

2 Los tipos de energía y la huella de carbono
los recursos naturales
las energías renovables
las energías no renovables
el carbón
la energía de la biomasa
la energía eólica / del viento
la energía
    geotérmica, hidráulica, mareomotriz, nuclear, solar
el gas natural
el petróleo
los combustibles fósiles
alternativas ecológicas para generar energía
los paneles solares / las placas solares
las emisiones de CO2
En mi colegio se malgasta mucha energía.
En mi casa malgastamos energía porque tenemos muchas luces encendidas.

3 Acciones para cuidar el medio ambiente
reciclar
    los envases de vidrio, los desechos, papel…
cuidar el medio ambiente
reducir el gasto de energía
limpiar
    los ríos, las playas…
cerrar el grifo
apagar
    las luces que no necesitas, los aparatos eléctricos, los ordenadores por la noche…
cambiar malos hábitos
ahorrar
    energía, agua…
reutilizar
    las bolsas de la compra, muebles y ropa…
utilizar ambas caras del papel
educar a los jóvenes
consumir productos de temporada
Deberíamos ducharnos en vez de bañarnos.
Hay que cerrar el grifo mientras nos cepillamos los dientes.
El gobierno debería invertir más en energía renovables, como la solar y la eólica.
Planta un árbol, ayudarás a preservar el medio ambiente.
Baja el termostato de la calefacción.
Camina o ve en bicicleta cuando puedas.
Elige productos que tengan poco embalaje o productos a granel.
Separa correctamente los residuos y encuentra el centro de reciclaje más cercano.

Listas de vocabulario

4 Cómo reaccionar a lo que dice alguien

a De forma positiva
Estoy (totalmente) de acuerdo.
Sí, puede ser.
Claro que sí. / Sí, claro.
Pienso lo mismo. / Soy del mismo parecer.

b De forma negativa
No estoy de acuerdo.
¡Para nada! / ¡En absoluto! / ¡De ninguna manera!
Yo pienso todo lo contrario.
No soy del mismo parecer.

c Expresiones
¡Qué bien / maravilla!
¡Genial! / ¡Estupendo! / ¡Fantástico!
¡Qué suerte!
¡Qué guay!
¡Cuánto me alegro!
¡No tenía ni idea!
¡No me lo puedo creer! / ¡Me parece increíble! / ¡Parece mentira!
¡Qué mala suerte!
¡Fíjate!
¡Estoy alucinando con lo que me dices!
¡Qué mal! / ¡Qué pena! / ¡Qué desastre!
¡Qué horror! / ¡Qué horrible!
¡Qué asco!
¡Qué rollo!

5 Expresar opinión de forma impersonal
Tenemos que…
Hay que…
Es
    importante, esencial, necesario, mejor…
Se debe…
Se puede…
Hay que cerrar el grifo mientras nos cepillamos los dientes.

6 Expresiones para sonar más natural
pues
bueno
por supuesto
ya sabes
pues depende
supongo que…
básicamente
lógicamente
honestamente
ciertamente
Lo que quiero decir es…
Es realmente una pregunta difícil.

Cambridge IGCSE Spanish as a Foreign Language

Unidad 6 Nuestro mundo

1 La vida en otros países

a Las formas de saludar y los tratamientos
En Italia la gente se abraza.
En Gran Bretaña se dan la mano.
En España se dan dos besos en la mejilla.
En Japón inclinan la cabeza para saludar.
el tuteo / tutearse
hablar de usted
el voseo

b La experiencia de vivir en otro país
conocer a gente
mudarse a otro país
vivir en el extranjero
respetar las costumbres de otros países
cambiar de pueblo o ciudad
integrarse en el país de acogida
acostumbrarse a la nueva vida
aprender un nuevo idioma (en otro país)
perfeccionar / mejorar el idioma (en el país donde se habla ese idioma)
descubrir nuevos lugares
adaptarse al clima y a las tradiciones del nuevo país
Acepta las nuevas costumbres.
Prueba los nuevos platos típicos.
Haz nuevas amistades.
Aprende a saludar.
Tendrás que aprender sus costumbres y adaptarse a las nuevas amistades.

c Las costumbres y las comidas típicas
Madrás mezcla la tradición y el color de sus calles con el glamour de los eventos de moda y cine.
Caminar por Brisbane y encontrarse con canguros es inevitable.
Se pueden saborear platos exóticos como el cocodrilo, el canguro o el búfalo.
Si estás en Frankfurt, no puedes perderte sus deliciosas salchichas.
la feijoada / los burritos / la empanada / el ceviche / el gallo pinto / el barraquito
el café leche
un tipo de langosta pequeña y nativa de la isla
La preparación más tradicional es el Umu Rapa Nui.

2 El mundo digital

a Las redes sociales y las nuevas tecnologías
las redes sociales
la tableta
el (teléfono) móvil
el ordenador (portátil)
el mundo digital
dominios y subdominios en internet
la multitarea
el videoblog
el videoaficionado / la videoaficionada
la pantalla táctil / interactiva
estar conectado/a con gente de diferentes partes del mundo
Hacemos pequeños vídeos que subimos en internet.
Ahora tenemos mil seguidores en Facebook.
Leo el periódico en la tableta.
Dicen que hago *multitasking*, o sea, muchas cosas a la vez.
Yo no encuentro mal que nos pongamos las dos a chatear por el teléfono móvil.
Yo soy usuario de Facebook desde hace años.

b Acciones relacionadas con las nuevas tecnologías
chatear con algunos amigos
subir documentos a internet
bajar música
copiar una hoja de Excel
apagar el ordenador
encender el portátil
cargar la batería
jugar a videojuegos en la red
instalar un programa en el ordenador
comprar un antivirus
publicar en la red
descargarse un archivo

3 El mundo globalizado

a La globalización
vivir en un mundo globalizado
estar rodeado/a de nuevas tecnologías
intercambio de información a gran velocidad
cambios en la cultura, las costumbres y las relaciones sociales entre los jóvenes
economía globalizada
adaptarse rápidamente a las diferentes situaciones laborales y sociales
luchar contra las desigualdades sociales

Listas de vocabulario

b Algunos efectos negativos
   inmigración
   guerra
   desempleo
   epidemia
   polución
   deterioro del medio ambiente
   efecto invernadero
   animales en peligro de extinción
   energía nuclear
   incendios forestales
   terremoto
   expansión del tráfico de drogas

c Ideas para resolver los efectos negativos
   ser respetuosos ante la vida
   preservar las reservas de energía
   consumir solo lo necesario
   respetar el equilibrio ecológico
   respetar el medio ambiente / respeto a la naturaleza
   frenar el cambio climático
   reciclar
   ¿Qué productos reciclas?
   ahorrar en el uso de agua y de electricidad
   Para parar las guerras hay que trabajar por la paz con diálogo.
   Nuestro comportamiento ante el medio natural decide el equilibrio del medio ambiente.

Acknowledgements

Photos

Cover: Michelle Chaplow / Alamy Stock Photo, Encyclopaedia Britannica/UIG / Getty Images, bodrumsurf/ Getty Images, chokkicx / Getty Images, Paper Boat Creative / Getty Images, Image Source / Getty Images, Viktorcvetkovic / Getty Images, Poligrafistka / Getty Images, Globe Turner, LLC / Getty Images, Patiwit / Getty Images, Encyclopaedia Britannica/UIG / Getty Images, chokkicx / Getty Images, Veronaa / Getty Images, Veronaa / Getty Images, Encyclopaedia Britannica/UIG / Getty Images, chokkicx / Getty Images, liangpv / Getty Images, Encyclopaedia Britannica/UIG / Getty Images, flowgraph / Getty Images, liangpv / Getty Images, Patiwit / Getty Images, Jeff Schultz / Design Pics / Getty Images, James Woodson / Getty Images, Hero Images / Getty Images, Cultura/Frank and Helena/Getty Images, Prasit photo / Getty Images, Tonic Photo Studios / Getty Images, Issaurinko / Getty Images, Thomas Barwick / Getty Images, Bruce Laurance / Getty Images, Klaus Vedfelt / Getty Images, Image Source /Getyy Images, Ayla Altintas / EyeEm / Getyy Images, Image Source / Getty Images, Laurence Mouton / Getty Images, Peter Dazeley / Getty Images, Hero Images / Getty Images, Creative Crop / Getty Images, Lisa Quarfoth / Getty Images, Katja Knuth-Herzig / EyeEm / Getty Images, iStock / Getty Images Plus, Paul Bricknell, Lebazele / Getty Images, iStock / Getty Images Plus / Getty Images, Floortje / Getty Images, pagadesign / Getty Images, Topic Images Inc / Getty Images, Antagain / Getty Images, futureimage / Getty Images, serts / Getty Images, Hemera / Getty Images Plus, milanfoto / Getty Images Plus, iStock / Getty Images Plus, JohnnyGreig / Getty Images, dragon for real / Getty Images, Sean Murphy / Getty Images, Robert Daly / Getty Images, Akimasa Harada / Getty Images, annhfhung / Getty Images, Pedro DÃaz Molins / Getty Images, Panoramic Images / Getty Images, Jason English / EyeEm / Getty Images, Andy Crawford / Getty Images, Wayne Hutchinson / Design Pics / Getty Images,Brand New Images / Getty Images, Nicholas Rigg / Getty Images, Newton Daly / Getty Images, Dougal Waters / Getty Images, Hedda Gjerpen / Getty Images, Jupiterimages / Getty Images, Jeffrey Mayer / Getty Images, Michael Tran / Getty Images, pamspix / Getty Images, yLoupe / Getty Images, J2R / Getty Images, Kerstin Waurick / Getty Images, stevegeer / Getty Images, Hamilton Knight: Martine / Getty Images, ondatra-m / Getty Imagesm, ismagilov / Getty Images, Ventura Carmona / Getty Images, boule13 / Getty Images, G_rkem Akar / EyeEm / Getty Images, Henryk Sadura / Getty Images, estivillml / Getty Images, Hill Street Studios, Caiaimage/Robert Daly / Getty Images, Klaus Vedfelt / Getty Images, Michael Gottschalk / Getty Images, Hero Images / Getty Images, Thomas Trutschel / Getty Images, Thomas Trutschel / Getty Images, Juice Images / Getty Images, monkeybusinessimages / Getty Images, Courtney Keating / Getty Images, Terry Vine / Getty Images, Jose Luis Pelaez Inc / Getty Images, PhotoAlto/Sigrid Olsson / Getty Images, KHALED DESOUKI / Getty Images, Sofia Moro / Getty Images, Andia / Getty Images, Billie Weiss - ISU / Getty Images, Masterpress / Getty Images, YASUYOSHI CHIBA / Getty Images, age fotostock / Alamy Stock Photo, Mint Images - Tim Robbins / Getty Images, Siri Stafford / Getty Images, Billion Photos / Getty Images, Christopher Futcher / Getty Images, Ariel Skelley / Getty Images, Hero Images / Getty Images, Dave and Les Jacobs/Lloyd Dobbie/ Getty Images, Tara Moore / Getty Images, anandaBGD / Getty Images, Cindy Prins / Getty Images, Dave and Les Jacobs / Getty Images, Anna Peisl / Getty Images, KidStock / Getty Images, Hero Images / Getty Images, Jason Webber Photography / Getty Images, Lena Granefelt / Getty Images, Kelly Sillaste / Getty Images, technotr / Getty Images, mbbirdy / Getty Images, Robert Niedring / Getty Images, Design Pics / Ben Welsh / Getty Images, Fuse / Getty Images, Todor Tsvetkov / Getty Images, Tyler Stableford / Getty Images, Hero Images / Getty Images, kupicoo / Getty Images, Polka Dot Images / Getty Images, Alfredo Maiquez / Getty Images, Kaori Ando / Getty Images, fotokostic / Getty Images, Tomas Laburda / Getty Images, Fuse / Getty Images, mangostock / Getty Images, PeopleImages.com / Getty Images, Brand New Images / Getty Images, Image Source / Getty Images, Grand piano / Getty Images, Frank Lukasseck / Getty Images, Juyoung Moon / EyeEm / Getty Images, Don Bayley / Getty Images, Premium UIG / Getty Images, Ben Pipe Photography / Getty Images, Neil Setchfield / Getty Images, Takako Nishiyama / EyeEm / Getty Images, Mimi Haddon / Getty Images, Frank Rothe / Getty Images, Juanmonino / Getty Images, Kumar Sriskandan / Alamy, TOM GANDOLFINI / Getty Images, Artur Debat / Getty Images, Greg Balfour Evans / Alamy Stock Photo, David Anthony / Alamy, bonetta / Getty Images, A-S-L / Getty Images, Carmen Carmen Olazarán / EyeEm / Getty Images, Alexandre Fernandez Photographer / Getty Images, Jose m. Alvarez / Getty Images, Juergen Richter / Getty Images, imageBROKER / Alamy Stock Photo, monysasi / Getty Images, Christian Kober / Getty Images, Erin Patrice O'Brien / Getty Images, AndreeaNicola / Getty Images, manifeesto / Getty Images, Sergiy1975 / Getty Images, MrHomme / Getty Images, Steven Miric / Getty Images, Eniz Umuler / Alamy, ERproductions Ltd / Getty Images, Clive Streeter / Getty Images, Westend61 / Getty Images, Chris Ted / Getty Images, Michael Powell / Getty Images, Image Source / Getty Images, lvenks / Getty Images, Carmen MartA-nez BanAs / Getty Images, JoeGough / Getty Images, Philippe Desenrck / Getty Images, maogg / Getty Images, Norman Hollands / Getty Images, Pamela Moore / Getty Images, Dimitri Otis / Getty Images, mediaphotos / Getty Images, minadezhda / Getty Images, Agence France Presse / Getty Images,Moxie Productions / Getty Images, JoeGough / Getty Images, fitopardo.com / Getty Images, UIG Platinum / Getty Images, ullstein bild / Getty Images, Stefan Bettschen / EyeEm / Getty Images, Joff Lee / Getty Images, Siqui Sanchez / Getty Images, Echo / Getty Images, Image Source / Getty Images, Mike Hewitt /

Getty Images, Michael Truelove / Getty Images, HUGHES Herva / hemis.fr / Getty Images, Noah Clayton / Getty Images, Miguel Rivera / EyeEm / Getty Images, Heritage Images / Getty Images, Gregory Bajor / Getty Images, Paul Bradbury / Getty Images, Deceptive Media / Getty Images, Amana Images Inc / Getty Images, Bloomberg / Getty Images, rebius / Getty Images, Thanapol Marattana / Getty Images, Wolfgang Kaehler / Getty Images, Jose M.F.Almeida / Getty Images, Tim Graham / Getty Images, Brazil Photos / Getty Images, "Hotel Cueva Tardienta Monegros/José Manuel Ayuda Laita", Renaud Visage / Getty Images, Robert Daly / Getty Images, JGI/Jamie Grill/ Getty Images, Ben Pipe Photography/ Getty Images, Robert Niedring / Getty Images, Stanislaw Pytel / Getty Images, Alison Langley / Getty Images, Juergen Richter / Getty Images, Barbara Boensch / Getty Images, Neil Farrin / Getty Images, Universal Images Group / Getty Images, Peeter Viisimaa / Getty Images, Glenn Van Der Knijff / Getty Images, Hola Images / Getty Images, Morsa Images / Getty Images, Tetra Images / Getty Images, Photofusion / Getty Images, Chris Ryan / Getty Images, Hola Images / Getty Images, mediaphotos / Getty Images, JGI/Tom Grill / Getty Images, KidStock / Getty Images, Caiaimage/Chris Ryan / Getty Images, MIGUEL RIOPA / Getty Images, SuHP / Getty Images, Rawpixel.com / Shutterstock, Hemant Mehta / Getty Images, Westend61 / Getty Images, Ken Chernus / Getty Images, Roy Mehta / Getty Images, Hill Street Studios / Getty Images, SLIK PICTURES / Getty Images, Ron Nickel / Getty Images, Windzepher / Getty Images, Mike Kemp / Getty Images, Brian Summers / Getty Images, Mark Bowden / Getty Images, Jupiterimages / Getty Images, Nicolas Kovarik/IP3 / Getty Images, Sorbis / Shutterstock, Glow Wellness / Getty Images, Juice Images / Getty Images, Christine Glade / Getty Images, Amy Eckert / Getty Images, fstop123 / Getty Images, Chris Ryan / Getty Images, Robert Clare / Getty Images, Highwaystarz-Photography / Getty Images, sbayram / Getty Images, Roy Rainford / robertharding / Getty Images, Mike Berceanu / Getty Images, Geography Photos/UIG / Getty Images, Ken Welsh / Design Pics / Getty Images, Max Dannenbaum / Getty Images, David Ramos / Getty Images, Jeff J Mitchell / Getty Images, OgnjenO / Getty Images, Torresigner / Getty Images, Hemera / Getty Images Plus, Photobac / Shutterstock, Yamini Chao / Getty Images, moodboard / Getty Images, Andy Sotiriou / Getty Images, Enzo Figueres / Getty Images, Mark Williamson / Getty Images, subjug / Getty Images, Alexander Spatari / Getty Images, George Clerk / Getty Images, Hola Images / Getty Images, Thomas Barwick / Getty Images, PhotoAlto/Laurence Mouton / Getty Images, Peter Unger / Getty Images, Wendy Yessler / EyeEm / Getty Images, Arterra / Getty Images, Matthias Kulka / Getty Images, Caspar Benson / Getty Images, DC_Colombia / Getty Images, James Montgomery / Getty Images, Andreas Larsson / Getty Images, George Clerk / Getty Images, Nomurasa / Getty Images, ColorBlind Images / Getty Images, Michael Piazza / Getty Images, Ray Kachatorian / Getty Images, StockFood / Getty Images, Tamales / Getty Images, Shrimp Ceviche / Getty Images, Encyclopaedia Britannica/UIG / Getty Images, Globe Turner, LLC / Getty Images, liangpv / Getty Images, cnythzl / Getty Images, GA161076 / Getty Images, Image Source / Getty Images, Bill Bachmann / Alamy, Westend61 / Getty Images, ElOjoTorpe / Getty Images, Bill Birtwhistle / Getty Images, Uros Ravbar / Getty Images, Jane Sweeney / Getty Images, LE TOURNEUR D'ISON Cyril / hemis.fr / Getty Images, Oli Kellett / Getty Images, RakicN / Getty Images, Bloomberg / Getty Images, triloks / Getty Images, SISKA GREMMELPREZ / Getty Images, Android App Guide / Getty Images, Marcel ter Bekke / Getty Images, Peathegee Inc / Getty Images, Tetra Images / Getty Images, Martinan / Getty Images, Michael DeYoung / Design Pics / Getty Images, Tom Merton / Getty Images, Vasily Pindyurin / Getty Images, Hinterhaus Productions / Getty Images

Texts

Adapted from: educaweb.com, hola@kverd.com: Barcelona.com: Gobierno de España, Ministerio de Educación, Cultura y Deporte: © ANTONIO NIETO / EDICIONES EL PAÍS, 2015: http://www.fiestade15.com/ideas/que_regalar_a_mi_hija_en_sus_15_anos.php/. fiestade15.com: Cristina Palomares © Bodas.net: www.trotamundeando.com, www.trotamundeando.com/2013/12/12/destinos/ventajas-de-viajar-en-tren-o-autobus/ : www.hotelcueva.com: eltiempo.es: Gananci.com - Author of the article: Jenny del Castillo Santacruz: www.deutschland.de: imaginaisladepascua.com: www.ehispanismo.com:

The authors and publishers acknowledge the sources of copyright material and are grateful for the permissions granted. While every effort has been made, it has not always been possible to identify the sources of all the material used, or to trace all copyright holders. If any omissions are brought to our notice, we will be happy to include the appropriate acknowledgements on reprinting.